陈慧娜　张　峰　总主编

图书馆里的中国故事

穿越"千年"的"中国图书"

张峰　娄纯　著

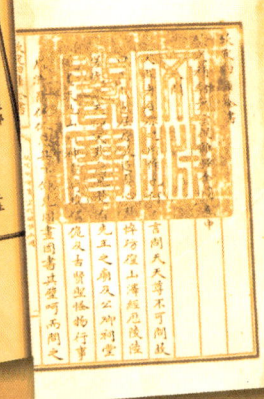

上海交通大学出版社
SHANGHAI JIAO TONG UNIVERSITY PRESS

内容提要

本书以时间为线索，通过一个个精彩的故事和 80 多幅精美的手绘插图，系统地讲述了中国图书从古代到现代的演变过程，揭示了中华民族图书发展的独特之处和重要意义。本书从中国最早的文字记载和古代文献的出现开始讲起，再到造纸术和印刷术的出现对中国图书发展的巨大意义，最后还探讨了如何保护图书、延长图书寿命等问题。读者可以从中了解到中国图书在不同时期的演变过程和与社会发展的紧密联系，深入思考图书在文化传承与交流中的重要作用。

图书在版编目（CIP）数据

穿越千年的中国图书 / 张峰，娄纯著 . -- 上海：
上海交通大学出版社，2025.1
（图书馆里的中国故事 / 陈慧娜，张峰总主编）
ISBN 978-7-313-30448-3

Ⅰ . ① 穿…　Ⅱ . ① 张…　② 娄…　Ⅲ . ① 图书史—中国
Ⅳ . ① G256.1

中国国家版本馆 CIP 数据核字（2024）第 058525 号

穿越千年的中国图书

CHUANYUE QIANNIAN DE ZHONGGUO TUSHU

著　　者：张　峰　娄　纯
出版发行：上海交通大学出版社　　　　　地　　址：上海市番禺路 951 号
邮政编码：200030　　　　　　　　　　　电　　话：021-64071208
印　　制：浙江天地海印刷有限公司　　　经　　销：全国新华书店
开　　本：710 mm×1000 mm　1/16　　　印　　张：7
字　　数：77 千字
版　　次：2025 年 1 月第 1 版　　　　　印　　次：2025 年 1 月第 1 次印刷
书　　号：ISBN 978-7-313-30448-3
定　　价：68.00 元

丛书序言

阿根廷作家豪尔赫·路易斯·博尔赫斯曾说："如果有天堂，那应该是图书馆的模样。"

图书馆作为社会文明传承的重要组成部分，一直以来在传承中华文明方面发挥着重要作用。一个国家，一个民族，其文化要得到传承，从古至今、代代相传的典籍是重要的表现形式和传承手段。从图画文字到甲骨刻字，从竹简典籍到羊皮书卷……典籍中不仅仅有文字的传承，更饱含一代又一代圣人先贤的人生智慧。图书馆作为典籍存藏的重要场所，如同一个蕴藏人类知识的宝库，时至今日，依旧焕发着勃勃生机，发挥着它传承文明、服务社会的重要作用。

对于孩子们而言，图书馆并不陌生，但是图书馆里就只有书吗？过去的"图书馆"是什么样子？图书馆里有哪些有趣的故事？图书馆里的书为什么会有一个特殊的标记呢？这些标记有什么含义和作用？

带着一个又一个的问题，孩子们可以通过阅读这套书中有趣的故事，去感悟图书馆，去体味图书馆存在的价值与意义。在这里，孩子们可以透过自己的眼睛，穿越古今，与古代先贤对话，向当代鸿儒求教。

诚然，当代的图书馆在信息技术的加持下，早已今非昔比。智慧终端、移动存储的使用，都在不断扩展着图书馆的服务半径，提升着图书馆的服务体验。图书馆里有乾坤，透过图书馆这个微缩景观，我们可以一窥人类文明的发展，一探中国文化的变迁。

古人云：开卷有益。儿童时期是人的一生中极为重要的阶段之一。儿童拥有天然的好奇心和想象力，拥有探索世界的勇气，在他们的世界观、人生观、价值观形成的阶段，遇到图书馆，遇到经典典籍，对于他们完整人格的塑造、丰富文化底蕴的培养，都将大有裨益。为此，我们特别邀请到图书馆的专业人员为小读者们撰写了这套书。丛书分别围绕图书的由来、图书馆的前世——藏书楼、现当代图书馆、名人读书故事，以及图书馆里的红色故事等内容依次展开。为了更好地贴近儿童的阅读习惯，丛书在侧重科学性与知识性的前提下，注重语言文字的生动有趣，更添加了生动的手绘插图，富有启发性。为了尽可能降低儿童在阅读过程中因专业词汇而产生的困惑，文中在特殊位置张贴了知识"小贴士"，帮助儿童更好地理解文中所述内容。

儿童是祖国的未来，民族的希望。在他们人生成长的关键时期，加强对他们的教育培养，是关系到国家与民族发展的一项重大战略性任务。让孩子从小爱上阅读，相信这是家长与老师，乃至全社会的希望，更是每一位图书馆人的责任与使命担当。

许久以前，梁启超曾经写下了振聋发聩的《少年中国说》，句句声声入耳。多年后的今天，多么希望每一位翻开这套书的孩子，都能更加深入地感受到前辈的良苦用心，感受到自己肩上的责任重大。中华文明的伟大，并不仅仅在于拥有辉煌的过去，更在于拥有无限希望的当代与未来。而孩子，就是这个国家，这个民族发展的未来与命脉。真诚地希望每一位读到此书的小读者，都能对中华文明有更加深入的了解，对民族文化有更加透彻的体会。

亲爱的孩子们，来吧！让我们一起，穿越时空，去一探图书馆的究竟！

陈慧娜

2024 年 2 月于北京

穿越千年的 中国图书
图书馆里的中国故事

目录

一

他想说什么：
回到中华文明诞生之初

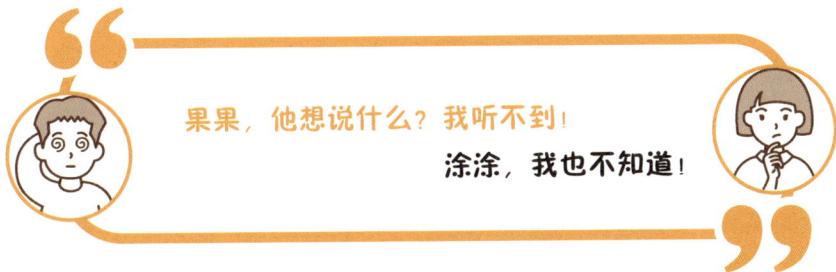

> 果果，他想说什么？我听不到！
>
> 涂涂，我也不知道！

1. 他想说什么？我听不到！

　　1953 年的一天，在我国陕西省秦岭南麓洛南县一个叫焦村的小村庄里，当年的村支书焦中彦正带领着村民们平整土地，便于修建房屋。忽然，一位村民的铁锹接触到了一个坚硬的东西，挖出来一看，竟是一个红色小陶壶。和普通陶壶不同的是，它最上面的部分不是壶口，而是一个嘟嘴微笑的孩子形象，他好像要诉说什么。经过文物学家鉴定，这个红色小陶壶来自遥远的 6 000 年以前，是中华早期文明仰韶文化时期的产物。文物学家们给这件文物取名为"红陶人头壶"，并交由西安半坡博物馆收藏和展览。

红陶人头壶

1

小贴士

仰韶文化

仰韶文化是我国黄河中游地区重要的新石器时期文化，距今7 000年至5 000年前，持续时间长达2 000年左右，涉及我国黄河流域的河南、陕西、山西、甘肃、青海、宁夏等多个省和自治区，是中国分布地域最大的史前文化。各种形式的彩陶是仰韶文化的最大特点，考古学家认为这是中国史前文化的第一次艺术浪潮。1921年，仰韶文化遗址首先被发现于河南省三门峡市渑池县仰韶村，故按照考古惯例，将这一文化称为"仰韶文化"。

自从红陶人头壶在西安半坡博物馆展出之后，无数前来参观的游客面对这个嘟着嘴微笑的孩子，都产生了这样的疑问——"他想说什么？"。但是，就连考古学家也无法明确，古人们制作这只红陶人头壶是想要表达什么。甚至还有一些考古学家认为，这只红陶人头壶塑造的并不是一个孩子的形象，而是一位肚子里怀着小宝宝的母亲。

在史前时期，虽然我们的祖先已经创造了语言，能够互相交流，并且创造了灿烂、辉煌的文化。但是语言存在缺点，它只适合面对面交谈，彼此距离太远便听不见对方所讲的内容了，而且听到的信息只能储存在大脑中，时间一长，难免记忆模糊。

> 涂涂，上个月我借给你的关于博物馆的书，你还没有还给我。
>
> 时间太长了，我给忘了……

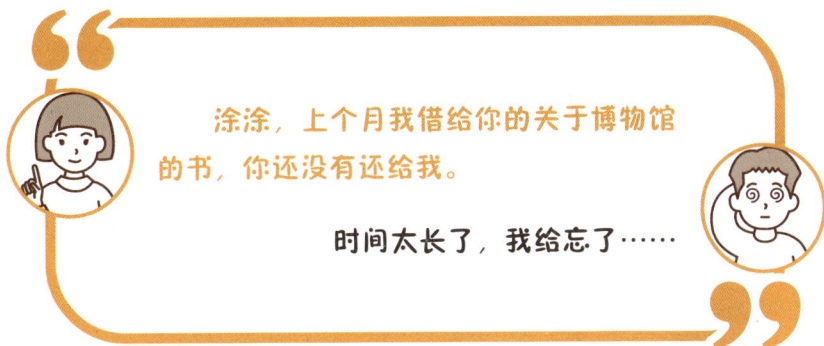

在文字出现之前，人们学习知识、交流经验都只能靠口耳相传，有些地方还有专门从事传诵历史工作的人，不少史诗、传说都是这样流传下来的。可是，万一负责传诵的人还没有把事情完全传诵给下一个人就已去世，那珍贵的记忆也很有可能随之消失。

我们的祖先只有想办法把语言记录下来，祖辈积累的文明才能延续下去。为此，他们开始了漫长的探索。

2. 在绳子上打结？忘记密码可就糟糕了！

绳子，这个现在我们生活中看似其貌不扬的小玩意儿，却已经被我们的祖先使用了上万年的时间了。起初，人们把身边常见的草或细小的树枝捻搓在一起，这就成了最早、最简单的绳子。可是这些绳子不够结实，于是，人们开始精心挑选那些结实的茅草，将它们晾干后精密地编织成既美观又结实的绳子。这些绳子在人们的生活中发挥了很大的作用，比如，它可以捆住被捕获的猎物，可以在修建茅草屋时捆扎建筑材料，也

结绳记事

可以扎在腰间当腰带。除此之外，绳子还有一个重要的用处，那就是"结绳记事"。

中国古代图书《易经》中曾有记载："上古结绳而治。"意思就是说我们中华民族的祖先从上古时代，就开始结绳记事了。结绳记事怎么操作呢？主要用长短、粗细不一的绳子通过打结来记录，绳结的大小、间距、方向等都可以表示不同事件或事物，这就好比是为了记录一件事，而设置了一连串的密码。

结绳记事的主要作用还是为了帮助人们记忆，形式比较单一，绳结长得都很像，容易混淆。如果时间过去太久，即便是原来打结的人，也可能忘记到底当初都记了些什么。并且，外人很难通过看绳结本身了解到其中具体记录了什么事件。

果果，这些绳结代表了什么意思？

我也不知道，看起来像摩斯密码一样，只有他本人才会明白。

3. 那就开始画画吧！

结绳记事无法体现事物本身，而且绳结多了还容易混乱。古人一想，干脆直接把看到的事物照着样子画出来吧！于是，人们又发明了一种比结绳记事更加直观的记事方法，那就是画画。

湖南高庙文化中的太阳形象

在湖南省洪江市沅江的岸边，考古学家们发现了一处距今 7 800 年的中国古文化遗址，后来被命名为"高庙遗址"。在一只破碎古陶罐底部，考古学家们惊奇地发现了一个太阳的形象，这是目前为止已知的中国人最早在生活器具上绘制的太阳。除了太阳之外，高庙遗址出土的古陶器上，还出现了飞翔的凤鸟、有着獠牙的野兽等众多形象。

7 000 多年前的太阳形象到底有着怎样的含义呢？考古学家认为，这些画画的不仅是太阳本身，还是太阳图腾，代表了当时的人们对于太阳的崇拜。这些关于太阳的图画，是当时中国古人的共同信仰，他们一看到这个画面，就能了解其中的含义。而这画面也随着陶罐一起，穿越了时空，让如今的我们得以了解祖先们所关注的事物。

古人们不仅在陶器上作画，也在岩石上作画。同样是太阳的形象，6 000 多年前，我国湖北地区的古人则把太阳和人联系在了一起，创造出了"太阳人"石刻。太阳人石刻表达了我们的祖先对于太阳的崇拜，也阐释了太阳与人之间的紧密联系。

古人很早就意识到太阳存在的重要意义。在文字出现之前，古人不仅通过图画来表现太阳的重要性，也以神话传说的形式口口相传这些故事，比如，我们熟悉的夸父逐日、后羿射日，都是关于太阳的故事。

在我国宁夏回族自治区与内蒙古自治区交界的贺兰山一带，也分布着大量史前居民所作的图画。贺兰口曾经是古人祭祀的场所，因此，这里的岩画主要为人像一类的图案，当中最有名的一幅是古人凿刻的"太阳神"。

湖北城背溪文化出土的"太阳人"石刻

远古时代，人们把粮食丰收都归功于上天的恩赐，遇到年景不好的时候，就认为是受到了上天的惩罚。人们把高居天空的太阳当成了神灵，希望获得太阳神的保佑，于是把太阳刻画成了人的样子，炯炯有神的眼睛，长长的睫毛，这些都体现了人们对太阳的崇拜。太阳和人在这幅画中已经融为一体，表达了更丰富的内涵。

贺兰山岩画中的"太阳神"石刻

小贴士

贺兰山岩画

贺兰山岩画是中国古代游牧民族所画，主要记录了3 000～10 000年前古人的生活场景，是研究远古历史和艺术史的重要宝库。在长达200多公里的贺兰山腹地，共有20多处遗存岩画，总计约有5 000组以上的组合图画，单体图像2.7万余幅。

目前，全世界已有140多个国家和地区发现岩画，总计2 000多万幅。中国有164个县发现了岩画，其中贺兰山岩画从20世纪70年代末开始被大量发现，其沿线及周边是目前世界上发现岩画数量最多、最密集的地方，是对人类史前文明的重要记录。

4. 离文字只差一步了……

图画记事的方法虽然看起来直观，并且具有一定的欣赏价值，但要画清楚复杂和抽象的事物，还是很困难的。到原始社会末期，图画记事已经简化，人们用简单的线条勾画轮廓，把复杂的图案转变成简单的符号，人们看到某个符号，就能知道它表达的是什么意思。

在我国一些原始社会晚期的文化遗址出土的陶器上，有不少简单刻画的符号。正是这些符号的使用，为日后中华民族文字的诞生奠定了基础。

大汶口文化出土的刻纹陶尊

比如，这尊山东省大汶（wèn）口地区出土的刻纹陶尊上，就有清晰可见的符号。考古学家对这个符号进行了解读：

在这里，太阳被简化成了一个圆圈。图中这个符号的上半部分，是上"日"下"火"的结构，也就是"炅"，它和"灵"是一个意思；下面部分像小草一样，表示"山"，合在一起就是"灵山"，指的就是大汶口。

小贴士

濛溪河旧石器遗址中的刻符

在"2023年中国考古新发现"中，有一项考古发现格外引人注目。在对四川省资阳市乐至县濛溪河旧石器遗址进行的考古发掘中，考古学家在一些石头、动物骨骼和植物上，发现了人工刻画的痕迹。一些考古学家推测，这些呈"十字"或者"×形"的刻符，很可能是古人用来记数或记事的符号。

濛溪河旧石器遗址是距今50 000~70 000年前远古人类生活的地方。如果这一说法得到证实，将把中国古人类使用"刻符"的时间大大提前。

二

甲骨与金石：
当文字还散落各处之时

1.造字者仓颉：无数劳动人民的化身

仓颉(jié)造字，是中国从战国时期就开始广为流传的故事。相传，仓颉是黄帝手下负责仓储的官员，他的日常工作是管理、统计各部落圈养牲口的数目，并计算为牲口屯粮的数量。起初，他采用"结绳记事"来记录这些牲口和粮食的情况，但是随着要记录的内容增多，绳子就记不清楚了，于是他观察鸟兽之迹，创造了文字，得到了黄帝的赞赏，这些文字还被黄帝广泛推广、传播到各个部落。

然而，仓颉造字只是个美好的传说。就像汉朝王充所著的《论衡》中描述仓颉"四瞳双目"的长相一样，这其实也赋予了他一定的神话色彩。

中国文字的出现，经历了一个漫长的形成、积累过程，是依靠世世代代的人们共同努力创造得来的，他们是无数个默默无闻的"仓颉"，共同创造了我们美丽的汉字。鲁迅

传说中的仓颉

9

果果，为什么我一看他的图像就觉得头晕？

传说中仓颉有四只眼，他可以看到一般人看不到的事物，能预测未来。

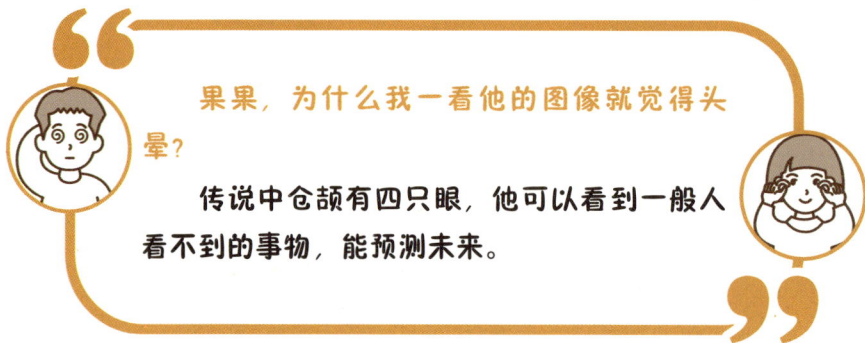

就曾经这么写道："仓颉也不止一个，有的在刀柄上刻一点图，有的在门户上画一些画，心心相印，口口相传，文字就多起来……"

当你写一篇日记时，可能要用到几十到几百个文字，只有使用的文字多了，你能记录的事情才会多。我们的祖先也是一样，只有发明的文字多了，人们日常生活的细节、祖先的历史才能被有效地记录下来，我们才能更加深入地了解祖先们生活的故事。

2. 成熟文字的开端：甲骨文和金文

在世界四大文明古国中，中国是唯一一个文字没有中断的国家。也就是说，我们现在使用的汉字，和祖先使用的同属一种文字体系。我们祖先最早所使用的文字，就是人们熟悉的甲骨文。

目前已被发现最早的甲骨文来自商朝中后期，距今已有 3 000 多年的历史。它从上古的图画、符号演变而来，已经成为一个成熟而庞大的文字体系，我们今天所使用的一些主要汉字，都能在甲骨文中找到它们的"祖先"。

这些都代表果果的"果"字。

这些都表示牙齿的"齿"，看起来和我的牙齿非常像。

古人还能用甲骨文来预报天气。比如这里的甲骨文写的是"丙寅卜今日雨。"意思是："丙寅这天做了占卜，预测当天要下雨。"

那么，商朝人为什么要把文字写在甲骨上呢？原来，商朝的统治者喜欢对各种各样的事情进行占卜，比如，打仗能不能赢、农作物收成好不好、会不会下雨等，无论大事小事，都喜欢先占卜看看是吉是凶。商朝有专门负责占卜的人，他们在牛的肩胛骨或者龟甲上凿出一些小洞，用火烤这些小洞，甲骨的表面就会因为受热而出现裂缝，古人称这些裂缝为"兆"，再根据兆的样子判断凶吉。占卜结束后，负责占

王懿荣

卜的人会把占卜的原因、过程和结果刻在甲骨上，甲骨文就这样诞生了。

商朝灭亡以后，商人使用的甲骨和甲骨文被埋藏于地下，逐渐被人们遗忘。多亏了王懿荣和刘鹗，让我们又重新认识了甲骨和甲骨文。

王懿荣是我国著名的甲骨学家，他在清朝末年担任国子监祭酒的职务，是国子监的最高领导，主要掌管教育工作。1899年的一天，王懿荣因为生病，派人去药店抓取一味叫"龙骨"的中药，这种中药主要用大象、牛、鹿等大型哺乳动物的骨骼化石加工而成。药材买回来后，王懿荣发现这些龙骨有点奇怪，每块龙骨表面都有一些奇怪的符号，精通古文字的他一下就意识到这些龙骨不简单。于是，他开始四处重金收购这些被当作药材出售的龙骨，仅用一年时间就收集到了1 500多片。然而不幸的是，1 900年八国联军侵占北京，王懿荣还没来得及进行自己的研究，就为国捐躯了。

清末，有个叫刘鹗的小说家买下了王懿荣留下的这些甲骨，再加上他自己四处收集到的甲骨，很快成了甲骨收藏大家，共收集甲骨5 000多片。刘鹗本身也痴迷钻研甲骨文，在整理研究后，他精挑细选了其中1 058片甲骨，并出版了《铁云藏龟》，第一次将甲骨文展现在大众面前，震惊了国内外。

《铁云藏龟》书影

目前，中国发现的书写有甲骨文的甲骨共计约 15 万片。其中，国家图书馆是国内最大的甲骨文收藏单位，共收藏有 35 651 片甲骨文，在保护、传承与研究甲骨文方面做出了巨大努力和贡献。

作为一种古老的文字，已经发现的甲骨文到底是什么字，目前还不能被人们全部辨识。现在，考古学家们发现的甲骨文单字有 4 500 多个，而能够被辨识含义的只有 1 500 多个，甲骨文辨识工作还需要人们的共同努力。

除了甲骨文，商朝的祖先也使用金文。金文是铸造在青铜器上的铭文，也称为钟鼎文。中国人使用金文的时间很长，从商朝末期开始，一直到秦灭六国，大约使用了 800 多年。中国现代古文字学家容庚曾对金文进行过深入研究，他共记录了 3 722 个金文单字，其中可以辨识含义的有 2 420 个。

小贴士

甲骨文之前，中国还有更早的文字

甲骨文的发现震惊了世界，它是商朝后期使用的文字，也被认为是中国最早的文字。但不少学者也提出了这样的疑问：甲骨文是一个成熟的文字书写体系，它不可能是一下子就出现的，在它之前一定有更古老的文字。

刻有甲骨文的甲骨主要出土于河南省安阳市的殷墟，这是商代后期的都城。近年来，考古学家们对商代早期都城，如郑州商城、小双桥、洹北商城等进行了考古发掘，不断发现骨刻文字、金文、朱书文和陶文等早期文字遗存。因此，也有专家认为，在商代前期，中国已经形成了成熟的文字。是否存在更早的中国文字，有待于进一步的考古发掘与研究。

3. 险被错过的甲骨文物：四方风

中国国家图书馆馆藏的甲骨文中，有一片编号为"北图12789"的甲骨，名叫"四方风"，来自商朝。这块甲骨文的命运可不简单，它原本是被近代收藏家刘体智收藏的一块甲骨，刘体智可以说是私人收藏甲骨数量最多的人，共藏有28 450片。1958年，他收藏的这批甲骨入藏了北京图书馆（今中国国家图书馆），其中就有这块"四方风"。

可在当时，一些专家认为这是一块伪造的甲骨，因为它看起来和用来占卜的甲骨不同，背后没有凿刻的小孔。幸运的是，我国著名甲骨学家胡厚宣重新注意到了这块被遗忘的甲骨，经过研究最终断定，它确实是商朝著名的武丁时期的甲骨，"四方风"便又重新走入了人们的视野。

那么，这块甲骨上面都记录了些什么呢？人们能够清楚看见24个字，翻译成现代的汉字是：东方曰析，风曰协；南方曰夹，风曰微；西方曰夷，风曰彝；北方曰宛，风曰伇。

> 这句话的意思是：东方的风叫协，是春天的和风；南方的风叫微，是夏天的微风；西方的风叫彝，是秋天的大风；北方的风叫伇，是冬天的烈风。

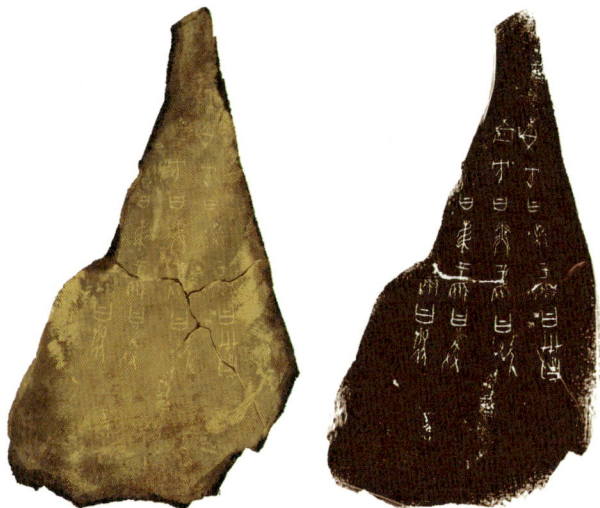

甲骨"四方风"和它的拓片

这些文字告诉了人们古人对四个方向和风的理解，他们很早就知道了东、南、西、北四个方向，认为每个方向都有一位神仙，还给他们取了不同的名字，分别叫析、夹、夷、宛，象征着草、木、禾、谷一年四个节气的生长特点：春分时节萌生出嫩芽，夏天慢慢长大，秋天果实成熟，冬天储藏休眠。

逐渐地，人们发现，要想庄稼有好的收成，就要掌握好农作的时间，需要准确判断什么时候该播种、收获，等等。而农作的时间与天气现象有关，尤其是风，四个节气的风有各自的特点，再结合它们对应的方向，人们又给四个方向的风起了不同的名字。

"四方风"给东南西北四个方向和风命名，对当时的生产、生活产生了很大影响，人们根据它安排农业活动，有时还能用它来预测天气。"四方风"不仅是珍贵的文字记录，还体现了古人对大自然的思考与理解，人们知道了方向、风和节气的关系，这是人类探索世界的智慧结晶。

4. "满腹经纶"的毛公鼎

1843 年的一天，陕西省岐山县庄白村的一位村民在田间干活时，挖出了一口像锅一样的器具，高 53.8 厘米，口径 47.9 厘米，不算很大，可是它的"肚子"里，却装着一篇现存篇幅最长、字数最多的铭文，共 32 行，将近 500 字，这就是著名的毛公鼎，而刻在鼎内壁上的铭文，正是与甲骨文几乎同时期诞生的另一种重要文字——金文。

青铜器在古代是一种非常珍贵的器具，古代王室祭祀时会使用，也会作为兵器和贵族的生活用具，普通百姓很难接触到。商代后期，开始流行在青铜器上刻铭文，到周代达到顶峰，这种文字被后人称为金文。金文可与黄金没有关系，只是从先秦开始，人们习惯把"铜"称为"金"。如此珍贵的青铜器，出现的场合自然也不一般，多放在庙堂中用来记录家族的丰功伟绩，是一种神圣的象征，告诉子孙后代，要铭记在心，以此为榜样。

发现毛公鼎的地方，历史上称为"周原"，这里原本是周人灭商后建立的都城。在西周灭亡后，周朝王室贵族带着重要宝物四处逃散，很多重器因为不好携带只好留了下来，其中就有这尊宝贵的毛公鼎。它里面所记录的内容，被后人评价为"可抵一部《尚书》"。

毛公鼎最初被发现时并未引起外界过多关注，甚至还一度被当作破铜烂铁，险些遭到熔化重铸。好在毛公鼎被北京最大的古董铺——永和斋意外发现，此消息一出，各方人士开始争抢这件宝贝，毛公鼎

毛公鼎

毛公鼎内壁上的铭文

几经转卖经历了不同主人，抗日战争时期还险些落入日本人手里。

1948 年，历经了半个多世纪坎坷经历的毛公鼎最终在中国台北故宫博物院安了家，成了"镇馆之宝"之一。同时，毛公鼎也与北京中国国家博物馆的大盂鼎和上海博物馆的大克鼎并称为青铜器收藏界的"海内三宝"，是当之无愧的国之重器。

甲骨文和金文虽然都是早期文字，但他们的用法有很大不同。甲骨文是一种日常使用的简便字体，主要作为占卜卜辞，也有少量像"四方风"一样用作记事；而金文往往是一种正式的文字，主要用来讲述一个完整的事件。起初青铜器铭文字数很少，从西周开始，文字数量逐渐增多，成为一种重要的记录文献。

三

简牍与帛书：
从寥寥数语到鸿篇巨制

1. 简牍：竹简成"册"，木版成"牍"

从甲骨文和金文开始，中国的古人就已经开始使用成熟的汉字了，不过接下来，"把字写在哪儿"还是个问题。甲骨和青铜器，怎么看都和今天图书的样子差得有点远，还不能称它们为真正的图书。一片甲骨上不能容纳太多的文字，而像青铜器这种笨重的大家伙，不便携带，没法像书一样四处传阅。要不然西周灭亡的时候，周朝贵族也不会手忙脚乱，把毛公鼎埋在地下。

不过古人还是很聪明的，他们发现周围常见的竹子和树木可以用来写字，于是开始就地取材，把它们加工成简便的书写材料，也就是我们所说的简牍。"简"一般指竹简，"牍"一般指木牍，写过字的竹简和木牍合称为"简牍"，它们是中国历史上最早的图书形式。

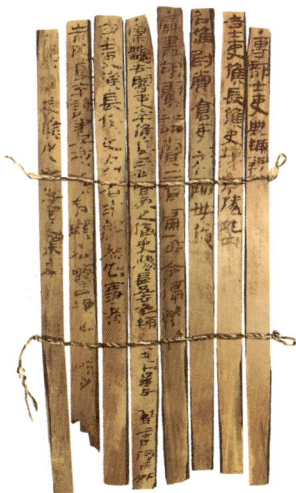

竹简示意图

据一些文献记载，我国早在商朝就开始使用简牍了。目前考古发现最早的简牍来自春秋战国时期，再后来，秦朝、汉朝与魏晋南北朝时期，简牍都被广泛地使用。我国目前已发现各类简牍共计 30 万枚左右，这些简牍上的文字记录了珍贵的历史，一直流传到今天。

和木牍相比，竹简的使用要更为普遍。古人从山上砍下竹子后，先把它们切割成一片一片的竹片，用小火烘烤去掉其中的水分，称为"杀青"。这样做是为了防止竹简发霉长虫，处理后的竹片就可以拿来写字了。

加工好的一片竹片就叫作一根"简"。不过，一根简上能写的字数毕竟有限，要是想写一本书，往往要用到很多根简，再用绳子把简编成一捆，叫作"册"（又称为"策"）。

一起来看看"册"字的几种写法，它们看起来都很像用绳子把长短不一的简编到一起，古人就是根据竹简的样子创造出了"册"这个象形字。古人的一捆竹简称为"一册"，虽然现在的书已不再使用竹简，但我们仍然会用"册"来称呼书或做书的量词。

"册"字的演化

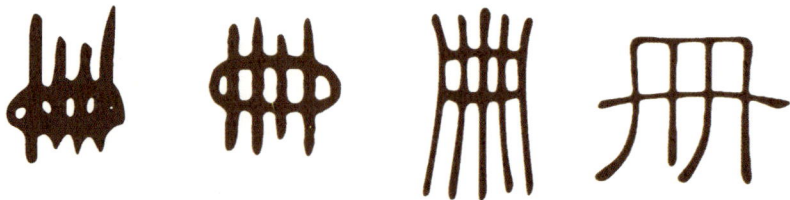

竹简示意图

　　古人在竹简上写字，就好像我们在带横线的纸上写字一样，每个字的大小能够基本保持一致。再加上竹简本身细长，压缩了写字的空间，写出来的汉字接近方形，这也使得汉字逐渐变成了大小一致的"方块字"。

　　如果没有竹子也不要紧，木头也是一个不错的选择。把木头加工成长方形的木片，一片木片叫作"版"（或"板"），写好文字的木片叫作"牍"，如果木片偏方形，还可以称为"方"。木牍出现的时间比竹简稍晚一些，它们的材质、外观、用法等都有区别。古人要想写点东西，用"简"写还是用"牍"写呢？其中的学问可不少。

　　简牍就像我们今天写字用的纸一样，首先要根据写的内容选择不同材质、尺寸的简牍，有些特殊内容还有"专用纸"可以选择。"简"一般是细长的竹片，每片竹简只够写一行字。"牍"通常是比竹简宽一些的长方形。如果需要写一些内容简短的公文、信件，用一块木牍就行了，但要是想写长篇文章或者一部书，就要用竹简书写，再编成册了。

2. 简牍时代的"文房五宝"

我们常常听到"文房四宝"的说法，也就是笔、墨、纸、砚。但在纸张还没被发明之前，我们的祖先是有"文房五宝"的，分别是笔、墨、简、砚、刀。

考古学家们发现，中国人发明毛笔、墨水、砚台的时间很早，可能在文字出现之前，我们的祖先就开始使用它们来画画了。而在简牍被发明之后，简就相当于现在的"纸"，人们可以用笔墨在竹简上写字。那么，刀是用来干什么的呢？

原来，"文房五宝"中的刀，不是一般的刀，而是书刀。要是在简牍上写错了字，就要用书刀把错误的地方刮掉重写。

因此，古人常随身带着书刀和笔，方便随时修改简牍，由此也诞生了一个名叫"刀笔吏"的官职，主要负责代办文书。和书刀配套的还有磨刀石，可以时刻保持书刀的锋利，便于操作。

如果你去参观秦始皇陵兵马俑，就会发现有些兵马俑的腰间配着小刀。他们并不是上战场杀敌的士兵，而是刀笔吏。汉朝初年著名的政治家，曾当过丞相的萧何，就曾是一名刀笔吏；《水浒传》中的宋江，也曾经做过刀笔吏。

中国古代的刀笔吏形象

22

小贴士

以下这些和简牍有关的成语，都可以用来形容勤奋读书，你都了解吗？

韦编三绝：用来编竹简的绳子叫"编"，一般用皮绳或者麻绳，皮绳叫作"韦编"，麻绳叫作"丝编"。据说孔子晚年喜欢读《易经》，反反复复读了很多遍，把用来串连简牍的牛皮绳弄断了三次，足以看出孔子对待学问是多么认真，"韦编三绝"的成语由此而来。

汗牛充栋：孔子不光读书刻苦，还整理、修订了春秋时期的编年体史书《春秋》。从此以后也有很多学者研究《春秋》并写下了相关著作。唐朝诗人柳宗元认为，研究《春秋》的简牍太多了，堆起来能塞满整个屋子，牛运书都要累出汗，于是便有了"汗牛充栋"这个成语。

学富五车：战国时期，哲学家庄子有个好朋友名叫惠施，他也是一名哲学家。庄子曾称赞他读书多，并在《庄子·天下》中写道："惠施多方，其书五车。"意思是惠施的本事大，他读的书要五辆车拉。这就是成语"学富五车"的由来。

3. 随竹简穿越两千多年的"九九乘法表"

古书上曾经记载了这样一件事情。在春秋时期，齐桓公希望把天下有才能的人召集到自己身边，于是设立了一个"招贤馆"。有一天，一个自称有才华的人来到"招贤馆"，背诵了一遍乘法口诀"九九歌"。齐桓公很意外，说："背诵乘法口诀怎么能算是本领呢？"对方回答道："我会'九九歌'确实不算什么，可要是天下的人都知道，您对我这个只会'九九歌'的人都能以礼相待，那些有才华的人，不就更愿意到您这里了吗？"齐桓公听后觉得有些道理，便招这个人作为第一位贤士。这件事很快传了开来，四面八方的贤才都前来投奔，齐国逐渐强大起来。

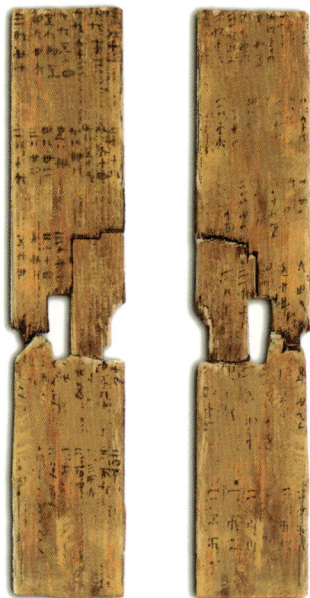

里耶秦简中的"九九乘法表"

虽然古书中有记载"九九乘法表"，但直到 2002 年，人们才发现了距今 2 000 多年的"九九乘法表"实物。在这一年，湖南里耶古城一次重大考古工作发现了 3 万余枚秦简，其中一枚秦简上面记载的就是秦朝使用的乘法口诀表。这枚"九九乘法表"秦简长约 22 厘米，是里耶秦简博物馆的"镇馆之宝"之一。那么，2 200 多年前的小朋友学习的乘法口诀是什么样子的呢？

小贴士

什么是里耶秦简？

湖南省湘西土家族苗族自治州龙山县的里耶镇，早在 6000 多年前就有人类居住，秦朝时属于洞庭郡（秦三十六郡之一）。2002 年，里耶镇里耶古城 1 号井出土了 38 000 余枚竹简，记载了秦朝洞庭郡迁陵县的各类档案，包括户口、道路里程、粮食仓储、祭祀、教育等生活的各个方面，可以说是一部百科全书，是研究秦朝历史与文化的重要实物资料，考古学家称之为"里耶秦简"。

人们今天学习的乘法口诀，都是从"一一得一"开始的。古人和我们不同，是先从"九九八十一"开始的，这也是"九九乘法表"名称的由来。

里耶秦简里的"九九乘法表"，是第一份能够证明九九乘法口诀存在的实物证据，比西方的乘法口诀表要早 600 多年。但历史总会不断给人惊喜，2023 年的一次全新考古发现，打破了里耶秦简"九九乘法表"保持的记录。

2023 年，考古学家们对湖北省荆州市的秦家咀墓地进行了考古发掘。这是一块战国时期的墓地，出土了大量竹简。其中，有一枚竹简与里耶秦简"九九乘法表"的内容相似，专家暂时将其命名为"九九术"。这项重大发现，将中国古人使用乘法口诀的时间，又往前推了100多年。这证明在战国时期，楚国人已掌握了乘法口诀。

> 学而时习之，不亦说乎？
>
> 涂涂你知道吗？你背诵的《论语》，最初有很多个版本。
>
> 啊？我不知道……

《论语》书影

4. 海昏侯简牍：寻找失踪的《齐论语》

《论语》是后人记载孔子及其弟子言行的一本书。实际上，《论语》这本书最初产生时，就有不同的版本，最著名的要数《古论语》《鲁论语》《齐论语》三个版本。人们今天熟知的《论语》，其实是后人整理《古论语》和《鲁论语》两个版本后得到的。而《齐论语》在汉代以后就失踪了，有很长一段时间，人们只知道这个名字，却不知道它的内容。

2017 年，江西省南昌市在发掘海昏侯墓时，发现了大量的竹简，其中就有失踪已久的《齐论语》，人们也终于知道了《齐论语》的真面目。那么，《齐论语》和人们现在常用的《论语》有什么不同呢？原来，《齐论语》比现在《论语》的 20 篇文章还多了 2 篇：《知道》和《问王》。至此，人们终于知道了《知道》的下落！

海昏侯墓为什么会有《齐论语》呢？考古学家们认为，刘贺在山东地区当昌邑王的时候，曾经跟随他身边的谋士、同时也是他老师的王吉学习《齐论语》，这次发现的竹简很可能是当时刘贺或者王吉亲自抄写的"学习材料"。目前，考古学家们对海昏侯简牍的研究工作还在进行中，或许我们很快就能了解到《齐论语》的最新消息。

海昏侯刘贺

小贴士

海昏侯和海昏侯汉墓

公元前 74 年，汉昭帝去世，因为他没有留下子嗣，原本在山东做昌邑王的刘贺就被推举为新皇。然而，19 岁的刘贺仅仅当了 27 天皇帝，就被"撤职"了，史称"汉废帝"。后来，刘贺被分封到远离西汉都城长安的豫章郡海昏县，也就是今天的江西省南昌市附近，成了第一代海昏侯，直到 33 岁去世。

2011 年，江西省南昌市发现了一座汉代大墓，考古工作者立即开始了抢救性发掘。直到 2016 年，考古学家才确认墓主人正是海昏侯刘贺。随着考古发掘的深入进行，海昏侯墓陆续出土了 1 万多件文物，其中包括 5 200 多枚竹简、200 多片木牍，这些简牍是非常珍贵的汉代历史资料。

关于刘贺被废帝的原因，以往的书中通常写的都是他行事荒淫无度，在位时干了许多荒唐事，大臣们给他列举了 1 127 件罪状。但海昏侯墓中的简牍让人们对刘贺有了新的认识，一些专家认为，刘贺其实是一个非常勤奋、聪明的人。不过，因为他被立为皇帝时只有 19 岁，年轻气盛，当时汉朝的朝政大权掌握在大司马霍光手中，刘贺试图从霍光手中夺权，但无奈他根基太浅，很快便被霍光联合其他大臣给废黜了。

5. 昂贵的书写材料——帛书

在简牍时代，人们除了用竹子和木头书写外，还发现了另外一种书写材料，那就是帛。帛又称为缣（jiān）帛，是一种昂贵的丝织品，用它写成的书称为帛书。与竹简和木牍相比，缣帛的优点很多，它非常轻便，并且用墨书写的时候，字迹比较牢固，还能用来画画，或者绘制地图。要说它的缺点，可能就是一个字：贵！因此，缣帛通常只有贵族才能使用，普通百姓一般很难接触到。有种说法叫作"缣贵而简重"，指出了古代两种书写材料的缺点，意思是帛书太昂贵，简牍太笨重。不过，在纸张被发明之前，它们互相弥补不足，共同承担了记载我们祖先历史的使命。

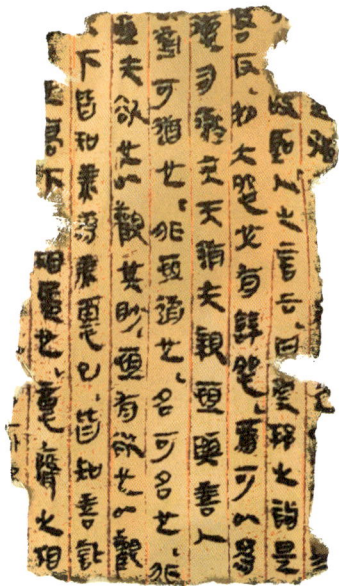

帛书《老子》（甲本）局部

1973 年，湖南省长沙市马王堆汉墓出土了大量文物，其中就包括帛书。这些帛书中，最珍贵的要数《老子》一书了。《老子》，又称为《道德经》，是春秋时期著名的哲学家老子所著的哲学著作。马王堆汉墓出土的帛书《老子》有甲、乙两个版本，这也让人们更加清晰地了解到《老子》这本书的本来面目。我们现在使用的《老子》是后人在此基础上新编的版本。

四

书写于纸上：文字的最终归宿

1. 纸的发明：把简牍与帛书的优点相结合

简牍太笨重，帛书又太昂贵，它们都不是制作图书的完美材料。可是，这也难不倒聪明的中国人。中国古人很早就懂得了"扬长避短"的道理，他们把简牍的价格便宜与帛书的轻便美观这两个优点结合，创造了改变世界文明进程的重大发明——纸。

东汉著名的文字学家许慎在《说文解字》里是这么解释纸的："纸，絮一苫（shān）也。"这里的"絮"，简单来说就是纤维，最早指的是制作丝绸等织物留下废料的主要成分，而"苫"，指的是竹席。根据专家们的推测，中国纸张的发明过程为：中国古代的劳动人民在漂洗蚕丝

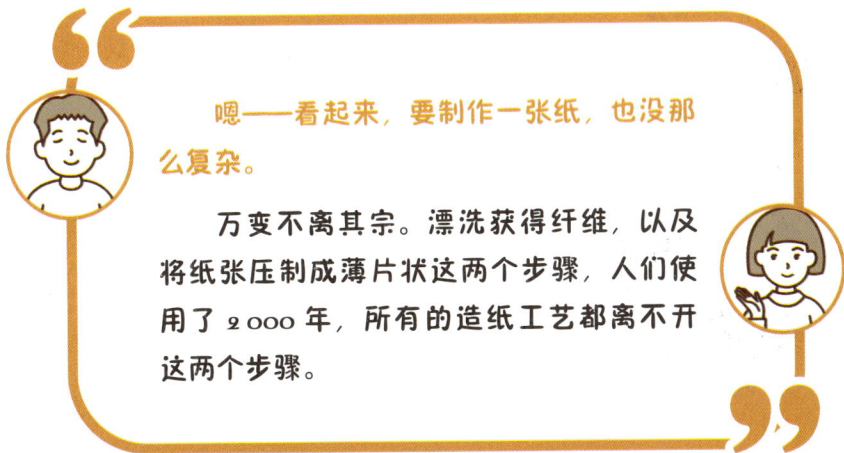

嗯——看起来，要制作一张纸，也没那么复杂。

万变不离其宗。漂洗获得纤维，以及将纸张压制成薄片状这两个步骤，人们使用了2000年，所有的造纸工艺都离不开这两个步骤。

31

时，得到了一些废料，也就是没用的纤维。节俭的劳动人民不舍得把这些废料扔掉，他们把这些纤维用竹席子一压，再晾干，就得到了最早的纸。

中国人最早发明纸张，可能并不是用来写字的，它的用途有点像我们现在用的包装纸。比如在 1957 年，陕西省西安市东郊灞桥地区的汉代墓葬中就出土了一些纸张的残片，被称为"灞桥纸"。有专家认为这是西汉时期的产物，而它的作用是包裹随葬的铜镜。

不过，就算中国古代的劳动人民们再节俭，漂洗丝绸等织物留下的废料还是很少的，能造出的纸张也很少。再加上这种材质的纸张易碎，并不适合在上面写字。时间进入东汉，一位对"造纸术"的发明起到决定性作用的人物出现了，他就是大名鼎鼎的蔡伦。

在公元 105 年前后，蔡伦改进了造纸术。《后汉书·蔡伦传》是这么描写蔡伦改进后的造纸工艺的：蔡伦造纸的原料包括树皮、麻头、破布和渔网。其中麻头、破布和渔网的主要成分都是麻，同时，蔡伦加入了树皮，也就是木纤维。因为木材随处可见，用木纤维造纸非常方便，造价也非常低廉。通过沤洗、切剉、浆灰、煮料、漂洗、舂捣、打槽、抄纸、干燥等复杂的工艺，改善了纸张的质量，让纸张易于书写。经过蔡伦改造后的纸张，被称为"蔡侯纸"。人们今天使用的纸张，绝大多数仍是各种植物纤维制造的，可以说都是"蔡侯纸"的子孙后代。

蔡伦

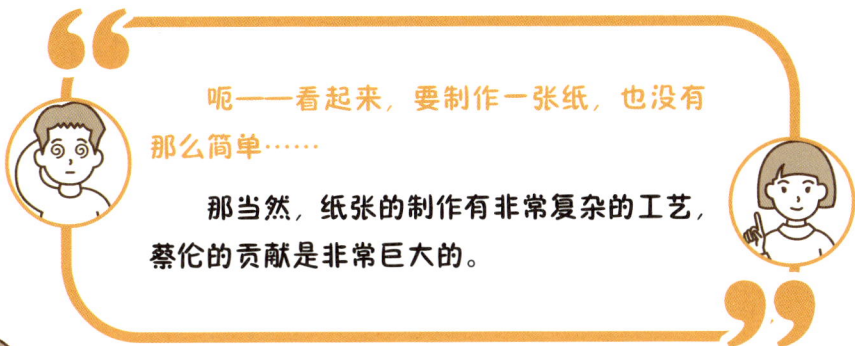

呃——看起来，要制作一张纸，也没有那么简单……

那当然，纸张的制作有非常复杂的工艺，蔡伦的贡献是非常巨大的。

小贴士

它们都不是真正的纸！

造纸术是中国"四大发明"中最早被发明的一项，是中国对世界文明做出的重大贡献之一。除了中国发明的纸，我们可能还听说过西方发明的"纸草纸"与"羊皮纸"，然而，它们其实都不是真正的纸。

纸草纸，又称为纸莎（suō）草纸或纸草片，它是埃及人发明的。埃及人居住在尼罗河下游地区，那里盛产一种叫纸莎草的植物，埃及人将纸莎草切成薄片，互相黏合在一起，经磨光晒干后，便可用于书写。纸草纸类似于中国古代使用的竹简，和现代使用的纸张有着本质性区别。

羊皮纸，又称为羊皮卷，最早使用于帕加马地区，也就是今天的土耳其一带。顾名思义，羊皮纸是羊皮经过加工处理后制成的书写材料。羊皮纸和中国的帛书一样，造价都非常昂贵，不适合大规模推广。

2. 纸的传播：从风靡中国到走向世界

　　蔡伦在东汉时期改进了造纸术后，纸张的生产工艺已经非常成熟了，一些人也开始在纸张上进行书写。不过，对于汉朝人来说，他们还是更喜欢使用简牍和帛书。现在的考古发掘也发现，在汉代出土的文物中，文字主要是写在简牍和缣帛上的。纸张代替简牍和缣帛，还要到三国两晋南北朝时期。

　　公元 220 年，东汉灭亡，中国进入了群雄割据的三国两晋南北朝时期。这个时期虽然战乱不断，却是纸张在中国传播开来的重要时期。

　　蔡文姬是生活在东汉末年、三国初年的一位才女。她原名蔡琰，是东汉著名文学家蔡邕的女儿。蔡文姬从小饱读诗书，擅长音乐，她写的《悲愤诗》在中国文学史上占据了重要地位。东汉末年的战乱时期，蔡文姬曾被贩卖到匈奴，被迫嫁给了匈奴人。曹操和蔡文姬的父亲蔡邕是好友，他从匈奴赎回了蔡文姬，并让她负责整理书籍。据《后汉书·蔡琰传》记载：为了完成给曹操抄书的任务，蔡文姬所做的第一件事情就是向曹操"乞给纸笔"，也就是要纸和笔，说明这时候，大量的书写已经不再是在简牍上了，文人们已经开始大量用纸来书写了。

蔡文姬

三国鼎立时期结束后，中国进入了两晋时代，也就是西晋和东晋时期。这一时期，纸张在人们心中的地位越来越重要了。

傅咸

西晋时期，有一位著名的文学家傅咸曾写过一篇名为《纸赋》的文章，其中提道："夫其为物，厥美可珍。廉方有则，体洁性贞。含章蕴藻，实好斯文。取彼之弊，以为此新。揽之则舒，舍之则卷。可屈可伸，能幽能显。"意思是当时的纸张，虽然造价低廉，却洁白、容易书写，方寸之间能够书写大文章。并且能展开，能收起，便于携带。傅咸写《纸赋》一文的目的，是借纸张来抒发自己对真正的君子品行的追求：纯洁、有学识、能屈能伸，同时也让人们得以知道，在西晋时期，纸张已经非常流行了。

考古发现，在西晋时期，官方文书既有用简牍、帛书来书写的，也有用纸张来书写的。不过到了东晋时期，纸张已经成为官方文书的唯一载体了。官方文书使用纸张，代表了国家层面对纸张使用的肯定。同时，东晋建都在了建康城，也就是今天的南京。正是从东晋开始，中国的经济和文化中心逐步从北方的中原一带向南方转移，这使得中国南方地区也开始大量生产和使用纸张。

到了南北朝时期，佛教开始在中国流行。纸张的一个重要用途就是抄写经书，由于人人信佛，手抄的经书传到了普通老百姓手中，老百姓们也能使用到纸了。

南北朝西魏时期的手抄经文

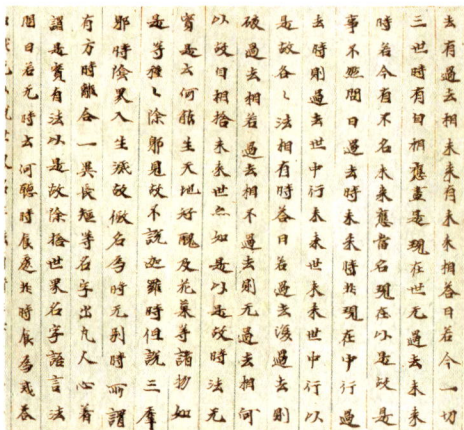

纸张在中国被发明之后，其制造工艺逐渐传到国外，首先传入朝鲜、日本、越南等一些中国周边的东方国家。比如，在公元 3 世纪，越南借助中国造纸术造出了纸张。到了公元 7 世纪，造纸术传播到了东方另一个文明古国——印度。

造纸术向西方的传播进程则要缓慢很多。有研究表明，直到公元 8 世纪中叶，造纸术才通过古阿拉伯人传向西方。在这个时期，唐朝和大食国（也就是古阿拉伯）交战，一些唐朝士兵被大食国俘虏，其中就有造纸工人。他们把造纸的方法传授给了古阿拉伯人，后来造纸术又传到了埃及、摩洛哥等北非地区。

欧洲的第一家造纸厂建立于 1150 年的西班牙，此时，距离蔡伦改进造纸术已经过去了 1 000 年。此后意大利、德国、英国、俄国也陆续开设了造纸厂，纸张在欧洲才开始普及。17 世纪末，美国费城设立了美洲第一家造纸厂，造纸术也传播到了美洲。而直到 19 世纪末，大洋洲的澳大利亚才开始生产纸张。

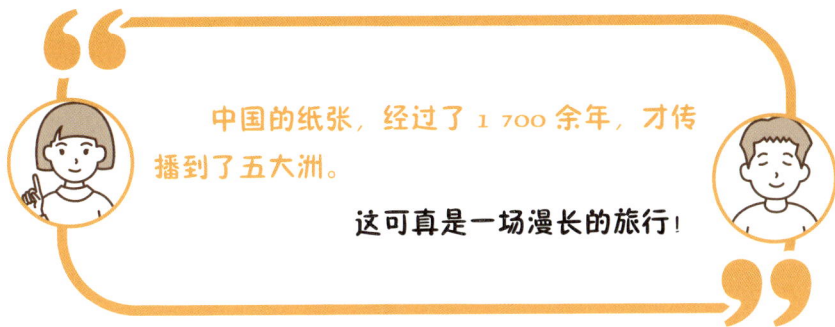

"
中国的纸张，经过了 1 700 余年，才传播到了五大洲。

这可真是一场漫长的旅行！
"

3. 因地取材：丰富多彩的中国造纸技艺

中国人发明纸张，已经有两千多年的历史了。虽然各种纸张的制作工艺略有不同，但原材料都离不开植物纤维。对于地大物博的中国来说，各地区的气候不同，生长的植物也有所区别。中华民族是一个善于发明和创新的民族，不同地区的中国人因地取材，用不同的植物作为原料来造纸，从而形成了丰富多彩的中国造纸技艺。

比如，蔡伦最早使用树皮来造纸，以树皮为主要原材料造出的纸张被称为"皮纸"。然而，各地使用的树皮都不一样。在蔡伦之后，东汉末年有一位叫左伯的书法家特别善于造纸，他生产的纸张称为"左伯纸"。左伯是山东人，他生活的地区盛产桑树，所以左伯就用桑树皮来造纸。除了桑树皮外，青檀树、构树等树木的树皮也被中国人用来制作纸张。

蔡伦改进的造纸工艺中，还使用了麻。以麻为原料制作的纸张称为"麻纸"。麻类植物的品种有很多，中国是大麻与苎（zhù）麻的原产地，这些麻不仅可以用来做衣服，还可以用来制作纸张。在唐朝之前，用麻制作纸张是非常盛行的。但总的来说，麻制纸张比较粗糙，在唐宋之后就不再流行了。

在宋朝之后，中国开始流行纸面光洁、物美价廉的"竹纸"。到了明清时期，竹纸已经成了中国人的"纸中最爱"。竹子虽然看起来一副柔弱娇嫩的样子，但它们却有很强的韧性，大风大雨也不容易把它们折断。这是因为竹子的植物纤维含量非常高，人们就是利用竹子的这一特点，提取它的植物纤维来制作纸张。竹子在中国南方地区分布很广，种类很多，这些竹子都是很好的造纸原料。比如，长江中上游的四川地区，人们常用慈竹来造纸；在长江中下游和岭南地区，人们用毛竹来造纸；在中国台湾地区，人们则用桂竹来造纸。

"草纸"也是中国人经常制作和使用的一种纸，这里的"草"指的是草本植物，比如稻草、麦秆都可以用来造纸。在中国的岭南地区，菠萝叶也可以用来造纸，而且生产出的纸张非常精美，曾受到国画大师张大千的称赞。在西藏、云南西部一带，由于海拔高，能够存活的植物种类很少，人们就使用当地生长的一种植物——狼毒草来造纸。

狼毒草有毒，因此用其造纸的过程需要格外小心。但用狼毒草生产出的纸张天然就可以防止虫蛀，西藏地区用狼毒草纸张抄写的经书，历经一千多年仍然完好如初。

狼毒草

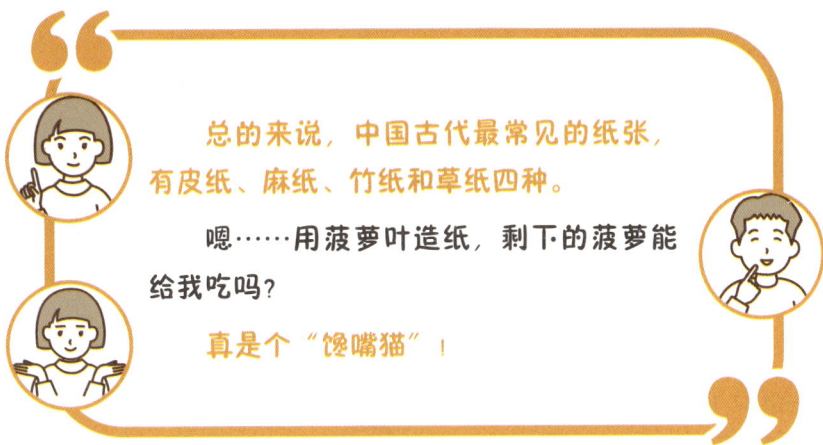

> 总的来说，中国古代最常见的纸张，有皮纸、麻纸、竹纸和草纸四种。
>
> 嗯……用菠萝叶造纸，剩下的菠萝能给我吃吗？
>
> 真是个"馋嘴猫"！

4. 用途多样：
纸张不只能用于书写和制作图书

　　纸张不仅可以用来书写，也能满足人们对美的需求。目前，中国发现的最早的剪纸作品是新疆阿斯塔那古墓群出土的五幅团花剪纸，创作于南北朝时期，距今已有 1 500 余年。剪纸是中国劳动人民用简单的一把剪刀和一张纸创造出来的艺术，他们剪出了窗花、墙花、灯花，剪出了人物、鸟兽、山水、文字，剪出了人们生活中的喜怒哀乐、酸甜苦辣。如今，剪纸艺术在民间依旧广泛流行。

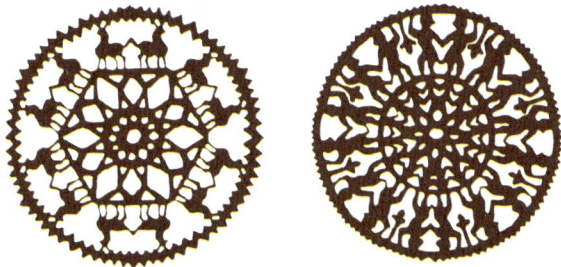

五幅团花剪纸中的"对马"和"对猴"形象

纸张最早是由中国人发明的，围绕纸张，中国人还有一系列世界第一的发明，比如纸鸢和纸币。

纸鸢

纸鸢就是人们现在常说的风筝，它最早是由中国人发明的。相传早在春秋时期，墨子就开始制作会飞的木鸟，这是风筝最早的起源。在纸被发明之后，人们便开始用纸制作风筝，并将其称为"纸鸢"。到了唐宋时期，纸鸢开始流行，我们在唐诗宋词中也经常能看到纸鸢的身影。比如，宋代诗人陆游就写过很多关于纸鸢的诗，他在《观村童戏溪上》中就写道："竹马踉蹡冲淖去，纸鸢跋扈挟风鸣。"这两句诗是在描写儿童们尽情玩耍的场景，他们有的骑着玩具竹马跌跌撞撞冲进了烂泥地，有的放着风筝，风筝横冲直撞，在风中呼呼作响。

宋代成都地区使用的"交子"

纸币也是最早由中国人发明的。在公元1023年的北宋时期，成都地区最早开始使用纸币，叫作"交子"，这也是世界上最早的纸币。

五

神奇的魔法：
如何在短时间内制作大量图书？

书架上整齐排列的图书

1. 先有手抄本，后有印刷书

我们现在使用的课本和课外读物都是印刷出来的。整齐摆放在书架上售卖的同一本书，它们看上去就像多胞胎。但在印刷术发明之前，人们为了复制一本书，只能靠抄写。在简帛时代，人们复制"书"就是靠手抄，即使在纸张发明初期，手抄书依然是图书复制和传播的重要方式，被称为"抄本"。

目前，我国考古发现最早的纸本手抄图书是《三国志》。《三国志》是三国西晋史学家陈寿所写的史书，是"二十四史"之一，也是我国四大古典名著之一——《三国演义》的故事原型。在 1909 年、1924 年、1965 年，新疆地区的鄯善、吐鲁番等地曾多次出土《三国志》手抄本的残片，经专家鉴定，该手抄本可追溯到两晋时期。

《三国志》残本

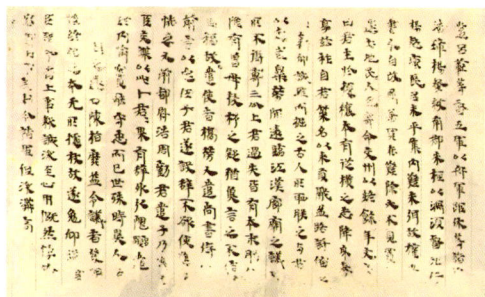

到了隋朝和唐朝，手抄本进入了最盛行的年代。这一时期，朝廷非常重视图书的传播和保存，因此组织了大规模的抄书工程。在唐朝，有非常多的官方"抄书匠"，他们就像现在的公务员，不过，他们每天的工作就是不停地抄写，抄完一本书，再抄另外一本。不仅是官方，隋唐时期，民间抄书也非常盛行，许多文人都会从事抄书工作，有些文人还以帮别人抄书来养家糊口。

嗯——如果回到唐朝，我也能当一名抄书匠。

哪有那么容易，唐朝对抄书匠要求很高，他们需要抄成统一的字样。你的字……有点太丑了！

2. 印章和拓印的神奇结合

但是抄书匠们也太累了，即使他们每天抄书抄到手发酸，能抄写的书的数量也非常有限。有时，比如他们抄累了的时候，还可能因为疏忽而抄错内容。印刷术的出现则大大改善了这一情况。有了印刷术，就像拥有魔法一样，一本书在短时间内就能印刷成百上千本了，这些书很快就能送到全国各地的人们手中，甚至能传到国外去。

但这神奇的印刷术，并不是在一夜之间就被发明出来的，而是勤劳、智慧的中国古人从中国的两种传统技艺——印章和拓印中获得了灵感，逐渐发明出来的。

印章在中国有着非常悠久的历史。2008 年北京奥运会的会徽"中国印"，就是一种印章的形式。印章最早出现在春秋战国时期，在秦朝的时候，印章就已经非常流行了。秦始皇在统一中国之后，制作了一枚玉玺，并命令丞相李斯在上面刻上"受命于天，既寿永昌"八个字，代表了皇帝至高无上的权威。这八个字的意思是：既然我（秦始皇）顺应天命当了皇帝，就应该让百姓健康长寿，国家繁荣昌盛。图中的琅邪相印章，是汉印的典型代表，它是东汉时期重要封园瑯琊园使用的官印。

汉代「琅邪相印章」

43

如果我们使用涂了印油的印章在纸上按压，短时间内就能复制出很多份相同的文字来，可是印章一般很小，能刻的字和印出的字也很少。中国古代还有一种技艺叫"拓印"，它能印出更多的字来。

中国古人喜欢把文字雕刻在石碑上，使之长久保存。可是如果石碑上的文字比较多，有人想记录下石碑上的文字回家研究学习，就比较麻烦，于是他们发明了拓印。所谓拓印，就是把一张结实的纸浸湿后敷在石碑上，用刷子轻轻敲打，使刻有文字部分的纸凹陷下去，等纸张干了以后再在其表面刷墨，有字的部分就呈现白色，无字的部分就呈黑色，这样就形成了一张黑底白字的拓片。

相传在东汉时期，太学非常兴盛，它是中国古代的国立最高学府。在汉灵帝熹平四年，皇帝命令蔡邕（他是我们前面提到的才女蔡文姬的父亲）等人修订《尚书》《周易》《论语》等七种传统经典著作，并刻成了46块石碑立在当时的首都洛阳城的太学旁，称为"熹平石经"。可别小看这46块石碑，它们就相当于我们现在上课用的课本，于是东汉的学子们纷纷到石碑前来进行抄写。可是每块石碑上都有差不多5 000个字，全部都抄写下来也太费时费力了。好在蔡伦刚刚改进不久的造纸术帮了他们的大忙。学子们便把这些石碑上的文字拓印到纸上，带回家慢慢研习。

存世"熹平石经"残片

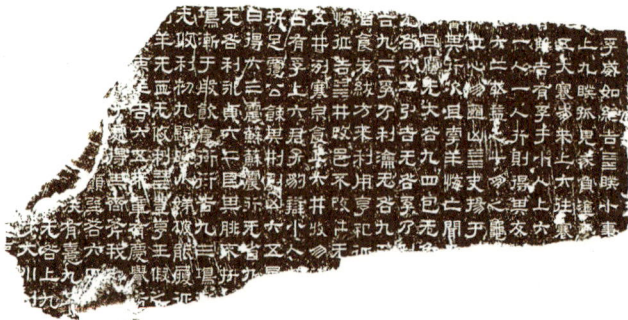

中国古代的印刷术正是结合了印章和拓印的优点发明而来的。最早的印刷术是雕版印刷，也就是将文字反着雕刻在一块大木板上，刷上油墨，就可以印出一页书来。如果需要印一本书，则需要雕刻出很多块大木板。随着雕版印刷术的逐渐推广，隋唐时期超负荷工作的抄书匠们终于可以松口气了。

3.《金刚经》与雕版印刷术

印刷出来的纸本图书被称为"刻本"。谁第一个使用印刷术，印刷出了第一本纸本图书？这个问题已经很难考证了。一般研究认为，雕版印刷术最早出现在隋末唐初，也就是公元 7 世纪左右。世界上现存最早的刻本是一部《金刚经》，被发现于敦煌莫高窟的藏经洞。

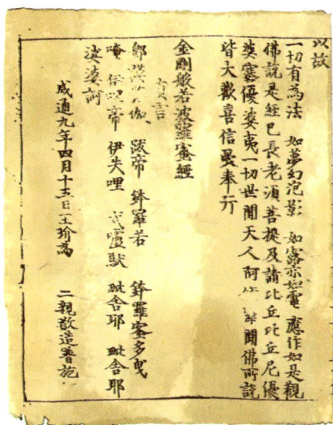

现存最早的刻本《金刚经》（局部）

这部《金刚经》和我们现在一页一页印制的书不同，它是一幅全长超过了 5 米的书卷。根据书卷结尾的文字，人们可以知道，它是唐朝咸通九年，也就是公元868年，一个名叫王玠的人为父母刻印的《金刚经》。

在唐朝，佛教非常盛行，佛教经书被大量印制，这也使雕版印刷术得以迅速推广。在敦煌莫高窟的藏经洞中，专家们还发现了一些唐朝历书的残本。历书相当于我们现在使用的日历，这也说明，当时的雕版印刷不仅仅用于佛经的印制。

前面我们提到，雕版印刷要把文字反着刻在一块木板上，那么古人是在什么木头上进行雕刻的呢？我们可以通过一个成语来大致了解情况，这个成语就是"灾梨祸枣"。

小贴士

中国国家图书馆
四大"镇馆之宝"之"敦煌遗书"

"敦煌遗书"，又称为"敦煌文献""敦煌文书""敦煌写本"，是对 1900 年发现于敦煌莫高窟 17 号洞窟内的图书典籍的总称。敦煌遗书共有 6 万余卷，其中包含公元 4~11 世纪的手本和刻本。

清朝末年是中国历史上一个混乱的年代，"敦煌遗书"中有好些被外国人盗走或低价骗走。目前，"敦煌遗书"分散收藏在世界各地，包括英国、法国、俄罗斯等国家。比如，我们前面提到的世界上最早的刻本《金刚经》，在 1907 年就被英国人斯坦因从敦煌莫高窟藏经洞低价骗走，现收藏于英国国家图书馆。

1910 年，剩余的 8 000 卷"敦煌遗书"被运送到京师图书馆（也就是今天的中国国家图书馆）收藏。经过多年努力，中国国家图书馆目前收藏、整理了"敦煌遗书"1.6 万余卷，为该馆的四大"镇馆之宝"之一。

　　并不是所有树木都适合制作雕版，只有那些硬度适中的木头才合适，梨木和枣木就是古人常用的两种制作雕版的木材。灾梨祸枣这个成语最早是古代文人谦虚的说法，表示自己的书写得不好，为了印制这些"无用之书"，却要砍伐梨树和枣树来制作印书用的"雕版"，给梨树和枣树带来了灾祸，所以便有了灾梨祸枣的说法。

　　如今，人们印制图书不再需要雕刻木板，也不用再灾梨祸枣了，但雕版中"版"的称呼却被保留了下来。我们会在一本书的版权页上看到"第1版""第2版"这样的字样，沿用的仍然是1000多年前的称呼。

《敦煌遗书》汇编 中国国家图书馆馆藏

4. 一位不"刻板"的刻板匠——毕昇

　　雕版印刷术的发明具有划时代的意义，从此，书不仅仅只有抄本，还有了刻本。不过，雕版印刷也有非常大的局限性：如果一本书印完了，辛辛苦苦刻完的若干块木版也就没用了。要想印一本新书，就要重新再雕刻另外许多块木版。还有，万一雕刻的时候出错了，这块版就没用了，还要再雕一块。

在唐宋时期，中国的文学、艺术创作非常繁盛，每天都有大量新作问世。这时，抄书匠们虽然解脱了，但为了印制更多的新书，另一个新兴的职业——刻板匠们却越来越累了。

> 我们现在经常使用"刻板印象"这个词，或者会形容某人做事很"刻板"。这里的"刻板"表示"很难改变，不灵活"，这个意思就是由雕版印刷的"刻板"引申而来的，因为雕版一旦由刻板匠雕刻完成，就很难更改了。

北宋时期有一位叫毕昇的刻板匠，但他不是一位"刻板"的刻板匠。起初，他也像别的刻板匠一样，每天就忙于刻木版。这可是一个精细活，有时候不小心就会刻错字，一旦刻错，整块木版就会废掉。为了避免浪费，毕昇尝试把刻错的字挖掉，再刻一个胶泥的字补上。于是，"犯错"激发了毕昇的灵感，既然一个字可以这么处理，那为什么不将每一个字都这么处理呢？那

毕昇

样的话，就可以不刻板了！"活字印刷术"就这样诞生了。

活字印刷需要先制作一个个胶泥单字，将其用火烧硬，就成了一个个胶泥活字。制作好一定数量的胶泥活字后，就可以进行排版了。用一块带框的铁板作为底托，往上面敷一层用松脂、蜡、纸灰混合成的药剂，就像"胶水"一样，把胶泥活字按照书稿上文字的顺序排在铁板上压平，胶水就会把它们固定成一个整体，这样就可以开始印刷一页书了。等印刷完成后，只要用火把胶水烤化，轻轻一抖，活字就会从铁板上脱落下来，可以反复使用。

毕昇把他的发明介绍给了别的刻板匠，众人交口称赞。毕昇的一位师弟说："《大藏经》一共有5 000多卷，需要雕刻13万块大木版才能印完，一间很大的房子都很难装下，许多刻板匠们一起刻半辈子才能完成，如果用了毕昇的方法，几个月就能完成了！"

毕昇是一位平民发明家，人们如今能这么清楚地了解毕昇和他的活字印刷术，要感谢宋代的一位大学者沈括和他的著作《梦溪笔谈》。作为一名朝廷官员，沈括不一定直接认识毕昇，但他们都生活在今天的杭州一带。在毕昇去世前，他把自己使用的胶泥活字赠送给了沈括的侄子辈，沈括才得以完整了解毕昇的发明经过，并把它记载在了《梦溪笔谈》一书中。

中国的印刷术是在不断进步的。在毕昇泥活字的启发下，元朝初期，王祯发明了木活字。与此同时，王祯还发明了转轮排字架，把众多的木活字按照发音和大小排列在一个旋转的轮盘上。排版时转动轮盘，便可以方便地取到所需要使用的木活字，进一步提高了排版、印刷的效率。

转轮排字架

在转轮排字法被发明后，一直到近代仍在使用，并成为19世纪末发明的中文打字机的原型。19世纪末，美国传教士谢卫楼发明了第一台中文打字机，它看起来和王桢的发明非常像。

第一台中文打字机

六

青史永留名：
那些记录历史的书和人

1.《尚书》：凿壁藏《书》的伏生

人们用文字进行书写，记录了身边的人和事。如果这些被记录的文字传给了后代，便成了历史。书记录了历史，历史也随着书穿越千年，被如今的人们所了解。

中国很早就有编写史书的传统。传说周武王灭商后，下令把商朝都城朝歌记录历史的官方文书全部搬走保存。之后每一个朝代留下的史料，都会被编成书籍，留给后世。随着纸张和印刷术的出现和广泛使用，史书的保护与流传变得方便了很多。但中国早期的史书就没有那么幸运了，写在青铜器或简牍上的历史往往只有一份或者几份，在面对战乱或人为破坏时，就显得非常脆弱，它们能被保留下来，流传至今实属不易！

中国最古老的史书是《尚书》。《尚书》最初的名字就叫《书》，古代"尚"字与"上"字通用，也就是说，《尚书》

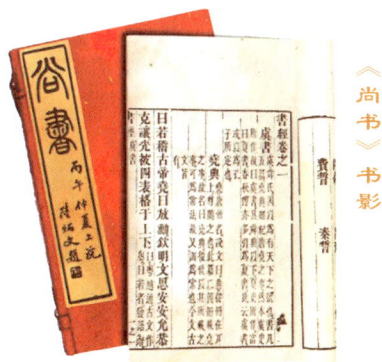

《尚书》书影

就是一部关于上古时代的书，它记录了从尧舜禹时代一直到周朝这段时期与政治和历史有关的内容，《尚书》也被称为"政书之祖，史书之源"，是历代统治者治理国家的"宝典秘籍"。

最初，《尚书》是写在一枚枚竹简上的零散文章。相传，孔子晚年开始整理这些竹简上的朝廷公文，并精挑细选出了100篇，编成了最早的《尚书》给弟子们当教材，后来《尚书》就成为儒家经典"五经"中的重要一部。孔子去世后，学者们继续整理《尚书》，到了战国末年，逐渐形成了一个新版本的《尚书》。

公元前221年，秦始皇结束了战国纷争的时代，中国第一个统一政权——秦朝建立。在秦朝的宫中，有一群叫作"博士"的人。秦朝的博士和我们现在的博士一样，都很有学问，但不同的是，秦朝的博士不是一种学位，而是一种官职，他们的日常工作就是参与国家大事的讨论和朝廷的教育事务。

秦朝的博士来自儒家、道家、法家三大学派，虽然他们都学识渊博，但因为派别不同，总会提出各种不同的想法和意见，出现不少分歧。那些遵从儒家思想的博士认为，治理国家应该多参考《尚书》这样的史书，多借鉴古人的经验。这一观点就遭到了支持法家思想的丞相李斯的强烈反对，他认为每个朝代都有自己的特殊情况，不能全部模仿古人的做法。

时间一长，各个学派之间的矛盾越来越大。为了统一思想，公元前213年，秦始皇在李斯的建议下，下令"焚书"，要把儒家典籍和诸子百家的著作等统统烧毁，尤其像《尚书》这样的儒家经典，更是销毁的重点。为了不让珍贵的书籍惨遭"灭绝"，爱书的学者们想尽了各种办法。宫里有位叫伏生的博士，多亏了他，我们今天才能看到《尚书》。

伏生，本名伏胜，唐朝的时候人
们尊称博士为"生"，后人便称呼他
为伏生。伏生是孔子的弟子宓（fú）
子贱的后代，从小就爱读书。据古书
记载，伏生 10 岁就开始读《尚书》，
他把一条 80 尺（约 26 米）长的绳子
缠在腰上，每读完一遍就打一个绳结，
很快绳子就打满了结，可见他读书有
多认真、刻苦，长大后自然十分精通《尚书》。

伏
生

秦始皇下令"焚书"后，伏生带着《尚书》赶回山东老家，把它
藏在了家里的墙壁中。经历了秦末到汉初的动荡，伏生再回到老家取
《尚书》时，发现丢失了很多篇，最后只剩下 28 篇。伏生只好拿着
剩余的《尚书》在山东一带进行传授。

到了汉朝，朝廷又重新开始重视儒家经典，《尚书》再一次引起
了人们的关注，但原书几乎荡然无存。汉文帝听说一位叫伏生的博士
精通《尚书》后，立即发出诏令，希望他能够进宫传授此书。此时的
伏生已经 90 多岁了，身体状况不允许他出远门。朝廷就派了大臣晁
错到山东跟随伏生学习《尚书》，并记录了伏生口述的《尚书》的内
容，从而形成了西汉版本的"今文《尚书》"。

然而，因为战乱等原因，汉朝的"今文《尚书》"也没能流传到
今天。人们现在看到的《尚书》版本，共 58 篇，是历朝历代众多学
者共同传承的结果，这其中也有不少是后人杜撰的篇目。尽管如此，
《尚书》仍然是人们研究中国早期历史最重要的文献之一。

> 真可惜！我们现在看到的《尚书》，已经不是它原来的样子了！
>
> 一本书穿越漫长的历史，总会发生些变化。就像涂涂有一天也会变老，和现在不一样了，但那还是涂涂啊！

小贴士

"清华简"重现"今文《尚书》"

2008 年 7 月的一天，有一批特殊的文物从香港乘飞机来到了北京，正式入藏清华大学，文物中有很大一部分是竹简，因此被命名为"清华简"。这些竹简最初被盗墓者发现，后来走私到境外，清华大学注意到这批竹简后，立刻采取行动，在多方努力之下，漂泊的竹简到达清华大学并得到妥善保存。

研究人员对"清华简"采取了多种抢救性保护，它的内容也逐渐显现出来，研究人员还在其中意外地发现了一些"今文《尚书》"的内容，从而让我们对《尚书》有了新的认识。

2.《史记》："发愤著书"的司马迁

西汉史学家司马迁撰写的《史记》，是我国第一部纪传体通史，也是中国"二十四史"的第一部。这本书通过讲述人物故事或重要历史事件的形式，记载了上古黄帝时期到汉武帝时期共 3 000 多年的历史。《史记》最早被称为《太史公书》或《太史公传》，因为司马迁的官职是太史公。在汉代，"史记"是所有史书的通用名称。直到三国时期，"史记"一词才专门用来指《太史公书》，也就是我们今天所称的《史记》。

司马迁编写《史记》一书，其实是继承了他的父亲司马谈的事业。司马谈也是西汉时期的太史公，工作内容之一就是编写历史。他学识渊博，在世时想写一部通史，于是收集、整理了很多书籍材料，但因为突发疾病未能完成。在弥留之际，他嘱托儿子司马迁继续他的事业。司马迁子承父业，付出了毕生的心血后，终于完成了《史记》一书。

司马迁的编史工作并不顺利，晚年更是遭遇了身心苦难，但他心中的信念却一直没有动摇。因为牵扯进"李陵之祸"，司马迁为了保全性命，忍受了宫刑之辱，为的就是能够完成《史记》的写作。

司马迁

司马迁在《史记》中记录了很多历史人物在历经磨难后，仍专心著书的故

经历了那么多苦难，还能努力写书，这些古人真伟大！

我们现在虽然还不能"发愤著书"，却可以"发奋读书"！

事。比如，被流放后的屈原写出了《离骚》，左丘明虽然失明却写出了《国语》，孙膑在被挖去膝盖骨后仍编出了《兵法》，就连《诗经》中的诗歌，也有不少是诗人为了抒发忧郁写出来的。在这些故事中，司马迁提出了"发愤著书"的思想，这不仅是他总结的伟大历史人物的著书精神，也是他自己著书信念的写照。发愤著书的思想也深深影响了后世文人的创作。

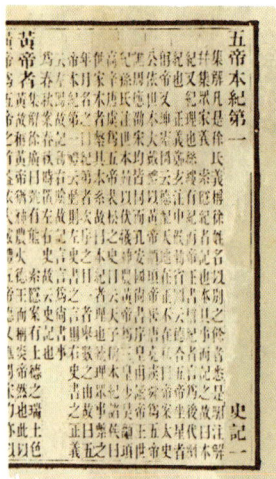

《史记》书影

在司马迁所处的时代，纸张还没有被用于书写。52万多字的《史记》是司马迁一笔一画写在竹简上的，难以想象工作量有多大！司马迁写完《史记》后，为了防止书籍意外丢失、损坏，还另外抄写了一份。有一种说法是他把其中一部藏在深山里，另一部则留在京师。

在汉代，《史记》并没有完全受到世人重视。不过到了唐代，文人们喜欢在诗歌、文章中使用《史记》中的典故，对《史记》的研究也逐渐受到世人重视。到了北宋时期，开始出现大量《史记》的印刷本，这部历史巨著也开始流传四方。

3.《汉书》：了不起的一家人

到了东汉时期，有这样一家人，他们学识渊博，和写《史记》的司马谈、司马迁父子一样，这家人也共同努力，最终写出了另一部伟大的史书——《汉书》。

汉武帝时期，司马迁去世，《史记》记录的最后的历史也就停留在了这个时间。之后有不少学者接着续写《史记》，东汉史学家班彪看了以后觉得他们写得不够好，于是决定自己重新写一部，并定名为《史记后传》。在写了 65 篇后，班彪就去世了，他的儿子班固接替了父亲的这项工作，以父亲的《史记后传》为蓝本开始编写《汉书》。

班固是《汉书》这部史书最大的贡献者。与司马迁写通史不同，他以"断代"为史，单独记录了西汉 230 多年的历史，从汉高祖刘邦开始写起，到汉平帝结束。《汉书》是中国第一部纪传体断代史书，分纪、表、志、传四大部分，是中国"二十四史"中的第二部史书。"二十四史"中接下来的

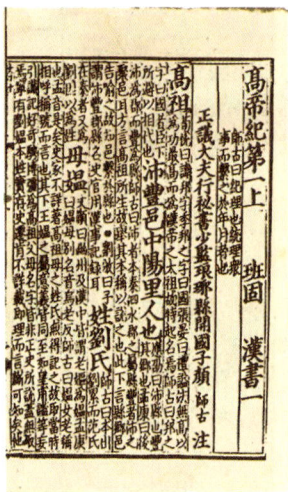

《汉书》书影

班昭

22 部史书，也都是断代史书。

可班固也未能完全写完《汉书》，其中两篇关键的文章——《八表》和《天文志》尚未完成，班固就遗憾离世了。汉和帝听说班固的妹妹班昭才学深厚，被誉为"天下第一才女"，便让她来完成《汉书》剩余的部分。班昭带着弟子一起续写，终于在十几年后完成了《汉书》，她也因此成为古代第一位参与正史修订的女性史学家。

班昭的伟大之处不仅在于她完成了《汉书》的写作，她还为《汉书》的传播做出了巨大贡献。与《史记》相比，《汉书》使用了大量古字，读起来晦涩难懂，就连当时精通古籍的史学家马融都难以读懂。于是，班昭收马融为弟子，在藏书阁教授他读《汉书》，后来《汉书》才能被更多人读懂。

虽然《汉书》出自两代三人之手，但后人读起来感觉就像一个人写的，可见这一家人的学术水平之高，且默契十足。

4.《资治通鉴》：众人拾柴火焰高

很多人都读过司马光砸缸的故事。少年司马光勇敢地用石头砸开水缸救出了跌入其中的儿童，少年司马光面对突发情况沉着、冷静，懂得用智慧解决问题。其实，有关司马光的故事还有很多，他可谓是中国古代的"故事之王"，他的很多故事都闪耀着智慧的光芒。

据史书记载，少年司马光有次听老师讲了一部书，这部书是我国古代最早的、叙事完备的编年体史书《左传》。司马光对这部书很感兴趣，回家后兴致勃勃地要给家人讲这本书，并绘声绘色地讲起了书中的人物，而且很准确。这时的司马光只有七岁，放在今天也就是刚上小学的年纪。发现自己在历史方面有特长后，司马光便开始了他的历史学习之路。从此司马光无论严寒酷暑，天天手捧史书，甚至饿了、渴了都感觉不到，可见他有多么沉迷于历史。

正是因为少年时期对史书的兴趣，让司马光开始研究历史，成年后还决心写一部史书，后人将司马光的这部伟大的史书与《史记》并称为"史学双璧"，这部书就是《资治通鉴》。《史记》以人物为中心，因而称为"纪传体"，《资治通鉴》则以时间为线索，故称为"编年体"。

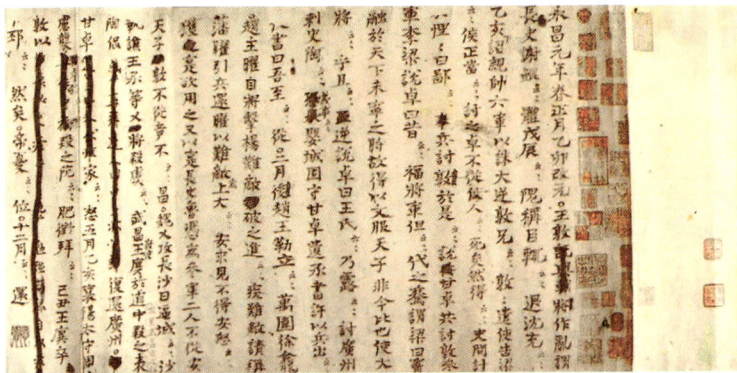

司马光

现藏于中国国家图书馆的司马光《资治通鉴》手稿

最初，《资治通鉴》只是司马光的个人写作计划，他想写一部1800年的通史，到宋英宗时期已写完了8卷，主要记载了从战国到秦朝的这段历史。司马光把这8卷命名为《通鉴》并呈给了宋英宗，宋英宗读后十分满意，就让司马光接着写下去，并给了他人力、财力的支持。从这时开始，《资治通鉴》就由私人写作变成了官修史书，有一群人来帮助司马光完成这部史书的创作。

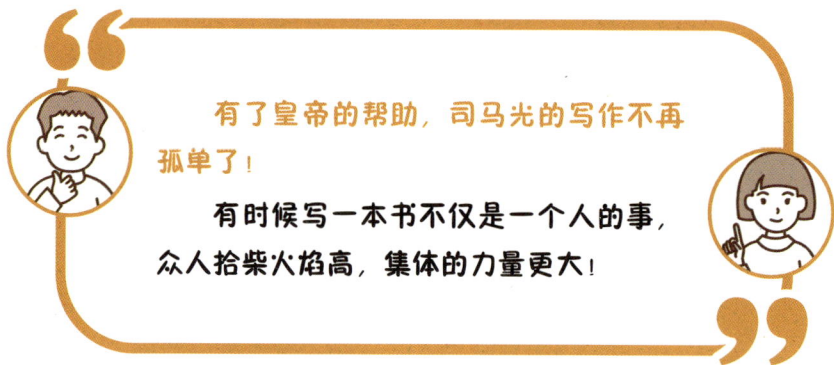

> 有了皇帝的帮助，司马光的写作不再孤单了！
>
> 有时候写一本书不仅是一个人的事，众人拾柴火焰高，集体的力量更大！

宋英宗去世后，年仅20岁的宋神宗继位。读过《通鉴》后，这位年轻的皇帝评价这本书是"鉴于往事，有资于治道"，用今天的话来讲就是"以史为鉴，是有助于提升国家治理能力的"，因此为该书赐名《资治通鉴》。

民国时期的学者梁启超曾评价《资治通鉴》就是一部"皇帝教科书"，成书之后历朝历代的皇帝都要读。在清朝，康熙皇帝读完后还留下了不少阅读笔记。

七

与图书共"舞"：
古人是如何与书结缘的？

1. "抄书"抄出的大学问

书写在今天并不是一件难事，但在古代可没那么简单，即使满肚子"墨水"，也常常"无处下笔"，更别说要写一本书了。在简牍时代，要想写一本书，作者先要花几个月的时间制作竹简，写好后再编好、搬运，可以说是智力和体力的双重考验。古人写书不易，百姓想看书，更不容易！最早的书都十分神秘，可不是谁想看就能看的。商周时期的图书由王室内部专人负责保管，只有贵族或者史官才有权翻看。

随着社会的发展，阅读范围逐渐扩大，人们对图书的需求也开始增多。前面我们讲到，在印刷术普及之前，生产、制作图书只能靠抄写，也因此出现了抄书匠这个职业，抄书业当时被称为"佣书"。抄书可不只是个力气活，它本身也是一种阅读，是对头脑的极大锻炼，抄书也能抄出大学问来。前面我们讲过的《汉书》，其作者之一的班超，就曾经因为家庭贫困，做"佣书"挣钱贴补家用。

唐代著名诗人李商隐也有过一段"佣书贩舂（chōng）"的故事。李商隐的童年过得十分艰苦，9岁时父亲去世，作为家中的长

李商隐

子，他担负起了家庭的重担，12岁开始便四处谋生维持家中生计。李商隐找到了两份工作，一份是当苦力捣稻谷壳，另一份就是当佣书。也正是因为这段抄书为业的经历，让他积累了深厚的文学功底，奠定了其日后在文学上的成就。

印刷术出现后，抄书业也并没有被立即取代，很长一段时间人们依然重视抄书这件事情，很多私人藏书家更看重手抄版图书，认为这种图书具有更高的收藏价值。对于学者、文人来说，抄书被当作是一种加深记忆的学习方式，被长期传承了下来。

原来抄书也能抄出大学问，那以后老师布置的"抄写"作业我都要认真完成。

不但要认真抄写，还要认真理解抄写内容的意思哦！

2. 小店铺里有"大文章"

书店是我们购买图书的地方。早在两千多年前的西汉时期，我国就已经出现了最早的书店，当时叫"书肆"或"书坊"。在这里，人们不仅可以购买图书，还可以交换图书。一间间小书店成就了读书人的梦想。东汉时期的思想家王充从小就非常喜欢读书，但因为家里贫困，买不起书，他就经常去书店阅读那些售卖的书。王充的记忆力非常好，看一遍就能记住书的内容，很快就熟悉了各种学派的著作和学说。通过多年的积累、学习，王充终于写出了一本属于自己的书——《论衡》。

从宋代开始，印刷术进入真正的繁荣时期。随着刻书业的发展，书坊已经成为图书流通的最主要渠道，这时期书坊里的畅销书：一类是科举考试的辅导用书，另一类就是给小朋友的启蒙读物。今天家喻户晓的儿童启蒙书"三百千千"，也就是《三字经》《百家姓》《千字文》《千家诗》，在宋代社会就很流行，作为私塾教授的课本，这些书的需求量也很大，所以被书坊反复刻印。

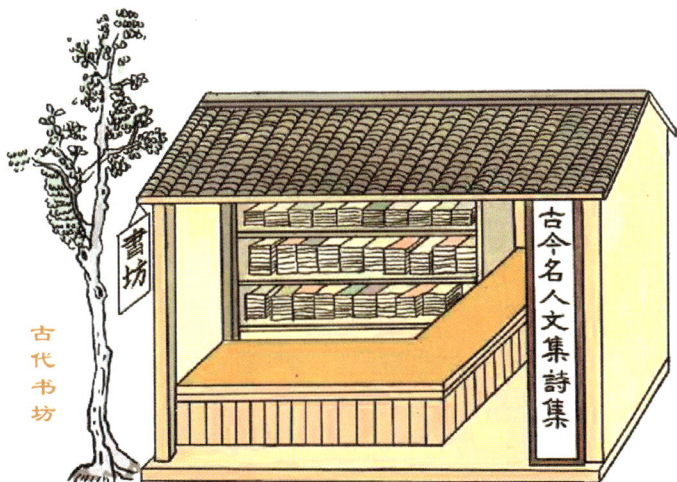

书坊

古今名人文集诗集

古代书坊

书
船

除了开在大街上的书坊外，明清时期江南水乡还流行一种专门卖书的"书船"，特别是在今天浙江省湖州市织里镇一带尤其盛行，因此，也叫"湖州书船"或"织里书船"。书船内部有书架，还有书桌和书椅，船夫把书坊刻好的书装到船上运送到各地，每到一处便把船停在岸边，人们可以上船挑选、购买自己喜欢的图书。船上买书的"书客"还会借此机会收购或交换一些珍贵少见的图书，带回自己的书坊重新刻印销售。书船这种"流动的书店"，极大地促进了当地图书销售和刻书业的繁荣。直到民国时期，书船仍是一种重要的购书渠道。

刻书业的兴盛使得民间开办的书坊越来越多，有些书坊不光卖书，还有专人负责刻书和印刷，甚至还有专人从事编辑工作，就像今天的出版社一样。一本书从无到有，全部在这间小书坊内完成，真可谓"麻雀虽小，五脏俱全"。除私人开办的书坊、刻坊外，还有由朝廷统一组织制作的官刻图书。北宋时期的"宋四大书"，是宋太宗时期编纂的四部类书，这是四部资料性图书，包括《册府元龟》《太平御览》《太平广记》《文苑英华》，是宋代官刻图书的代表。

3. 以"唱"传播，让经典代代相传

诗歌是一种特殊的文学体裁，从《诗经》开始，中国古代诗歌最初以唱的形式传播，之后各朝各代都涌现出了许多优秀的诗歌作品。在古代，诗歌就像我们今天的流行歌曲一样，被传唱得非常广。从刚学会说话的孩子，到白发苍苍的老人，从文人学者们的聚会，到烈日炎炎的田间地头，都少不了诗歌的陪伴。

《论语》中有一句孔子教育自己孩子的话："不学诗，无以言。"意思是说，不学《诗经》，就无法好好地表达，这便强调了《诗经》的重要性。作为我国第一部诗歌总集，《诗经》收录了西周至春秋五百年间的诗歌，这其中有文人、贵族的作品，更大的一部分则是采诗官每年春天到民间收集来的诗歌。这些诗歌在整理后统一由乐师进行谱曲，以传唱的方式流传下去。

唱出来的诗词韵律优美、朗朗上口，更能表达丰富的情感，听的人也容易被情绪感染，慢慢地，这些诗词就被人们口口流传下来。古代诗人经常参加"诗社"一类的聚会，文人们带着自己的作品聚到一起，在传唱的过程中交流、学习，自己的作品还有机会被结集成册，成为某本书的一部分。

唐朝的诗歌发展达到了前所未有的高度，由于社会安定，人们也有更多精力丰富自己的精神文化生活。日常生活中经常能发现诗歌的身影，民间的小旅店通常会在墙上挂一块"诗板"，住店客人要是灵感一来，可以随时写在上面。

清代更是十分重视唐诗的整理与出版。康熙皇帝曾经命人编纂《全唐诗》，汇编唐朝 48 900 余首诗歌。我们熟悉的《唐诗三百首》，也是在清代所编纂的，这本书一经出版，就风靡了全国，成为迄今为止流传最广泛的唐诗选本。

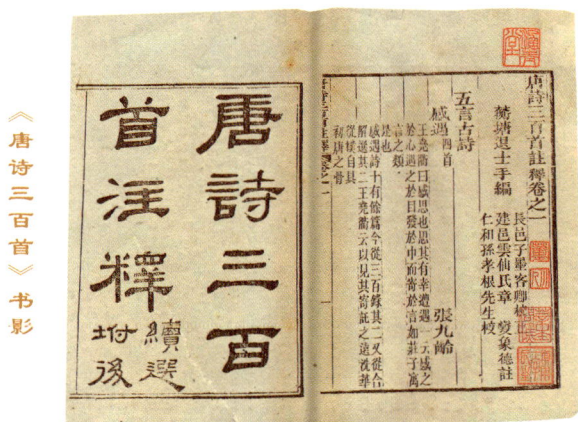

《唐诗三百首》书影

小贴士

《唐诗三百首》的故事

《唐诗三百首》的编者是清朝的孙洙。能够编出流传古今的图书，孙洙也是下了苦功夫的。据说他小的时候家里条件不好，冬天连火都生不起，加上南方湿冷的天气，让人难以忍受。在这种环境下，孙洙为了读书，根据五行中"木生火"的说法，竟手里握着一块木头取暖，坚持读书，足以体现他坚定的信念。

《唐诗三百首》之所以能够成为迄今为止最流行的唐诗版本，关键就在于它所选的诗歌都特别通俗、易懂，非常适合孩子们读。在《唐诗三百首》的序言中，孙洙提到了"熟读唐诗三百首，不会作诗也会吟"这句很多人都熟悉的话。其实这句话在《唐诗三百首》之前就有了，起初并不是指孙洙编的这本书，但时间长了，人们都以为这句话中的三百首诗就是孙洙编的《唐诗三百首》，于是就这样流传下来了。

4. 让科学乘着图书的翅膀飞翔

中国古人不仅给我们留下了数不清的文学著作，随着科学技术的发展，还诞生了一大批科技领域的实用著作，人们的生活在对世界万物的不断认知中一点点改变。前面章节中提到过的记录了毕昇发明活字印刷术的《梦溪笔谈》，就被称为我国第一部科普著作。

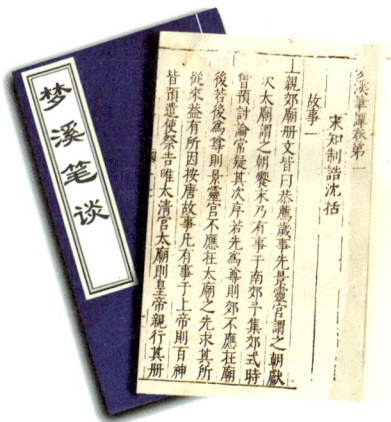

《梦溪笔谈》书影

　　《梦溪笔谈》是北宋政治家、科学家沈括所写的一部百科全书式的随笔集。沈括非常热爱科学技术，《梦溪笔谈》中关于科学技术的部分占了全书三分之一的篇幅，涵盖了天文、地理、物理、化学、生物等许多领域的内容。英国著名的科学史学家李约瑟评价《梦溪笔谈》为"中国科学史上的里程碑"。

　　热爱科学的精神随着图书不断传承。在明朝，有位叫宋应星的好奇少年知道了《梦溪笔谈》，迫切地想要阅读，便马上跑去书店购买。可他到了书店才发现书架上放的都是四书五经一类的畅销"考试教材"。没找到《梦溪笔谈》，失落的少年在回家路上还想着找书，"咣"地一下撞到了路人，把人家抱的一包米撞撒了。他赶忙道歉并帮忙收拾，突然眼前一亮，原来盛米的包装纸上正写着"梦溪笔谈"几个大字。

　　几经周折，少年终于打听到包装纸来自邻村一家纸浆店，他赶忙跑到纸浆店，发现剩下的书已经被拆散泡在水池中了。看书心切的小应星一下子急哭了，掏出身上所有的钱恳求老板把书捞上来。老板也被少年的诚心打动了，让工人把书捞了上来。少年如获至宝，把书带回了家。多年以后这位少年也成了一名科学家，并写出了另一部中国古代的科技名著——《天工开物》。

　　宋应星小时候和哥哥一起在家塾学习，据说看书能够过目不忘，他不仅熟读诸子百家著作，还热衷科普读物，除了读过《梦溪笔谈》，还曾自学过李时珍的著作《本草纲目》。但宋应星的仕途之路并不太顺利，他多次进京参加科举考试都失败了，最终放弃了科举之路。不过，多次进京考试的经历，让宋应星增长了很多见识，也让他对农学、

天文学、手工技艺等多种学科展现出浓厚的兴趣。

明朝崇祯七年（1634 年），宋应星回到江西老家当老师，从这时开始，他决心做一些能够实实在在帮助百姓的事情。他开始整理自己多年积累的有关农业、手工业生产等各方面的知识，将它们编著成一本实用"宝典"，就是《天工开物》。

宋应星的一生，没有一味追逐功名利禄，反而脚踏实地走进田间，用自己从书本中学到的知识，结合实际生产、生活，写作成书，并将这些宝贵的经验传递了下去。

宋应星写完《天工开物》后，发愁没有钱刊刻，多亏好友涂绍煃倾力相助，这本书于明朝崇祯十年（1637 年）得以刊刻出版。《天工开物》初刊本中的文字和图画均出自宋应星之手，这个版本也因此十分珍贵，目前世界上仅保留三本，其中一本收藏于中国国家图书馆。

《天工开物》是中国第一部农业和手工业的科学技术著作，这本书后来还被翻译成其他国家的文字走出国门，被誉为"中国 17 世纪的工艺百科全书"。

宋应星

天工開物卷序

天覆地載物數號萬而事亦因之曲成而不遺豈人力也哉事物而既萬矣必待口授目成而後識之其與幾何萬事萬物之中其無益生人與有益者各載其半世有聰

《天工开物》书影

收罗天下书：那些集录万卷典籍的书

1.《永乐大典》：一部前所未见的百科全书

百科全书，是我们在图书馆或者书店里经常能看到的一种书，它通常包含各种各样的知识。在中国古代有一种书叫"类书"，它和今天的百科全书类似，可以帮助人们"上知天文，下知地理"，是古人认识世界、增长知识的重要工具书。

在中国古代，古人将各种书籍、文献中的典故、好词好句、诗歌文章等进行整理，并按照一定规则重新编排，就像我们今天查阅的工具书一样，能够很方便地找到自己想看的内容，这就是"类书"。很多朝代都开展过官方编修类书的工作，比如三国时期有专供皇帝阅读的经传作品《皇览》，唐代有为唐玄宗编写阅览的《初学记》。在北宋时期，还出现了《太平御览》《册府元龟》等大规模编撰的类书。

在历代类书中，最有名、最特别的一部，要数明朝永乐年间编纂的《永乐大典》了。《永乐大典》被称为"万书之书"，被英国《不列颠百科全书》称为"世界有史以来最大的百科全书"。它不仅是我国珍贵的文化遗产，更是享誉世界的文化瑰宝。

明
成
祖
朱
棣

公元 1403 年，明成祖朱棣登基后，下决心要修一部"百科全书"，一来可以彰显国力，二来也让珍贵的古籍能够流芳百世。朱棣定下目标，要把天下能找到的书都收录进来。在朱棣看来，书不怕多，就怕不全。上至各类经典，下至各类杂书，这位目标远大的皇帝想把它们都收录起来。

但收录、整理图书是一个超级大的工程，工作量巨大。这项工作最初是由明朝第一位内阁首辅解缙负责的，他是当时明朝最高的学术顾问。在成为《永乐大典》总编辑后，解缙很快召集了 147 个人，开始抄书。然而，仅仅过去了一年左右的时间，解缙就匆忙完成了这项工作，并给这部书取了个名字叫《文献大成》。不过，朱棣看后并不满意，认为《文献大成》收录的书不全，还有很多书没有收录进来。

1405 年，朱棣下令重新修书，前后共有 3 000 多人参加了这部巨著的编修工作。终于在 1407 年完成了这部约 3.7 亿字的鸿篇巨制。这部巨著收录了明代以前各种学科的图书资料，包括典籍 7 000 多种，11 095 册。朱棣亲自为这部书写了序言，并正式赐名《永乐大典》。

在这套规模巨大的"百科全书"的编纂过程中，编纂人员付出了大量的心血。在正式编纂图书前，需要征集各种图书，并辨别不同版本的优劣。在进一步分门别类整理后，才能进行手工抄写。抄写的时候要尽可能仔细，不要出错，还要有专门的人员负责绘制图书中的插图。最后，还有专人进行校对，核对是否有抄写错误。

《永乐大典》中的每一册都有统一的尺寸：高50.3厘米，宽30厘米，统一使用上等白宣纸书写，金黄色的绢作为书衣，给人气派恢宏的感觉。

《永乐大典》编好后，一直保存在南京文渊阁，之后朱棣迁都北京，挑选了其中一部分带到北京。在嘉靖年间，宫中意外发生了一场火灾，多亏抢救及时，《永乐大典》才得以安全保存下来。这件事后，嘉靖皇帝就想重新抄写一份《永乐大典》，以防再出现意外，于是用时六年完成了重录。因此，《永乐大典》就出现了两个版本："永乐抄本"与"嘉靖抄本"。

《永乐大典》封面

《永乐大典》怎么看着比一般的书大这么多呀？

是啊！全套《永乐大典》有 10 000 多册呢，真是不敢想象全部《永乐大典》放在一起的样子，得多么壮观啊！

小贴士

中国国家图书馆
四大"镇馆之宝"之《永乐大典》

《永乐大典》原书有 1.1 万余册，目前仅有数百册藏存于世。1912 年，《永乐大典》入藏京师图书馆（中国国家图书馆的前身），当时仅有 64 册。100 多年来，中国国家图书馆一直致力于《永乐大典》的收集工作。目前，中国国家图书馆收藏的《永乐大典》达到了 220 余册，是世界上收藏《永乐大典》册数最多的机构。《永乐大典》也是中国国家图书馆四大"镇馆之宝"之一。

中国国家图书馆收集的《永乐大典》既有从海外购买的，也有从民间意外收集而来的。1982 年底，中国国家图书馆收到了当时山东省掖县图书馆的来信，称在一个村民手中发现了 1 册《永乐大典》，经过专家鉴定，这确实是 1 册流散民间的"嘉靖抄本"的《永乐大典》。不过，这册《永乐大典》比一般的《永乐大典》要短，原因是这本书上下书边的空白处已经被剪去，用来制作民间鞋样。但这并不影响这册《永乐大典》的价值，经过中国国家图书馆的修复后，这册《永乐大典》正式入藏。

古人为了让《永乐大典》更好地保存、流传，明世宗不惜花费巨大的代价重新抄写一份，然而《永乐大典》依然没有躲开厄运，两个版本都没能完整地保留下来。《永乐大典》最初的"永乐抄本"，我们今天仍无法见到，有说法认为在明朝灭亡时，该抄本在文渊阁中被烧毁了，也有人认为这个版本还在，只是成了某位帝王的陪葬品，还有待未来考古发现。

明世宗朱厚熜

"嘉靖抄本"也未能全部保存下来。因为管理疏忽等原因，在明清两代，时常发生丢书的情况。除了被盗，在清末战乱时期，又有不少"嘉靖抄本"被焚毁或流失海外。

2.《四库全书》：经、史、子、集分门别类

除了类书外，中国古人还会把多种图书统一编到一起，再起一个总的书名，这就是丛书。丛书也是一种保护、传承典籍的重要形式。在南宋时期，就已经出现了丛书，到了清朝，丛书编纂达到了新的高度，其中影响最大的便是《四库全书》。《四库全书》全名叫《钦定四库全书》，是清代乾隆年间的一部大型官修丛书，共收录古籍 3 470 种，分装 36 078 册，也是目前我国规模最大的一部丛书。

　　说起《四库全书》的编纂，最初还与《永乐大典》有关。据说乾隆皇帝为了丰富官方藏书，下诏令从民间征集图书。有位叫朱筠的安徽学者，向乾隆提出了《永乐大典》编纂中存在的一些问题，建议整理并校对《永乐大典》中的书目。乾隆十分认同这个建议，便从1772年开始了大规模的征书活动。第二年，朝廷又专门设立了编书馆，《四库全书》的编修工作正式开始。纪昀任总纂官、陆费墀任总校官，360多名学者参与其中，还招募了近4 000人进行抄写、装订。1782年，初编工作完成，共花费了10年之久。

　　《四库全书》初稿完成后，乾隆皇帝又特意派专人抄写了7部，分别收藏在7个地方：北京紫禁城的文渊阁、京郊圆明园的文源阁、

文津阁《四库全书》书影

沈阳故宫的文溯阁、承德避暑山庄的文津阁、镇江的文宗阁、扬州的文汇阁和杭州的文澜阁。其中前四处位于北方地区，被称为"北四阁"，属于皇家藏书楼，不对外开放；后三处位于南方，被称为"南三阁"，对世人开放。

《四库全书》有四种颜色的封面，是代表春夏秋冬四个季节吗？

真聪明！你猜得没错！但它们有更重要的含义，绿色、红色、蓝色和灰黑色分别代表经、史、子、集四大门类。此外，单独的《四库全书》总目用黄色封面，以彰显皇家的威严气派。

不过事物都有两面性：一方面，《四库全书》让很多古书的生命得以延续，为后世保留了珍贵的文字资料；但另一方面，在编纂《四库全书》的过程中，乾隆皇帝以编书为名，也禁毁了大量珍贵的图书，目的就是为了捍卫自己的统治地位。征召来的图书如果被判定为不利于自己统治的，都要被烧毁，或者篡改其中的内容。据说有 3 100 多种书籍遭到禁毁，非常令人惋惜。

小贴士

中国国家图书馆
四大"镇馆之宝"之《四库全书》

《四库全书》成书后，共被抄写了7部。在7部《四库全书》中，文津阁《四库全书》是目前保存最为完整的一部。文津阁《四库全书》原藏于承德避暑山庄，1913年底被迁移至北京，最终入藏京师图书馆（中国国家图书馆的前身）。这部《四库全书》，从装书的函套到摆放图书的书架，都保持了它写成时的样子，非常珍贵，是中国国家图书馆的四大"镇馆之宝"之一。

著名文学家鲁迅为文津阁《四库全书》入藏中国国家图书馆做出了巨大贡献。这部巨著在1913年从承德迁移至北京后，原本应入藏京师图书馆，但却被内务部截留，运至了故宫文华殿古物陈列所。在教育部任职的鲁迅多次出面交涉，并以教育部的名义致函内务部，最终才让这部巨著于1915年入藏京师图书馆。

《四库全书》也对鲁迅的写作产生了很大影响，他的一些文章也借鉴了《四库全书总目》的写作风格。

3.《古今图书集成》：
古代三部皇家巨著之一

在明清之际，除了《永乐大典》和《四库全书》两部巨著之外，还有这样一部书，它属于类书，虽然规模不及《永乐大典》，却是我国目前能够完整保存下来的、规模最大的类书。同时，《四库全书》编纂时被焚毁的那些古书，有许多在这部书中有所保留。后世将这部书与《永乐大典》和《四库全书》并称为"古代三部皇家巨著"，这部书就是《古今图书集成》。

《古今图书集成》封面

《古今图书集成》成书于清朝康熙年间，早于《四库全书》。据考证，它的编纂人名叫陈梦雷，是清代著名文学家。陈梦雷曾是康熙皇帝第三个儿子胤祉的侍读，也就是专门侍奉皇子读书的人。当侍读期间，陈梦雷发现当时的类书多多少少都有些问题，于是想自己编纂一部全新的类书。胤祉十分支持他的工作，还特意准备了一处专门的地方让他工作。后来有人考证陈梦雷曾经编书的地方，就位于如今清华大学校园内。陈梦雷的编纂工作花了近6年时间，全部书稿有约1.6亿字，陈梦雷给这部书起名为《古今图书汇编》，交给康熙过目后，改名为《钦定古今图书集成》，简称《古今图书集成》。

雍正时期，人们将《古今图书集成》用铜活字排印，是我国用活字印刷字数最多的一部书。这部书制作十分精美，当时只有朝廷赏赐重要人物时才会使用。尽管之后还出现了铅印等不同版本，雍正时期铜活字印刷的版本仍是最有价值的。

活字印刷版《古今图书集成》

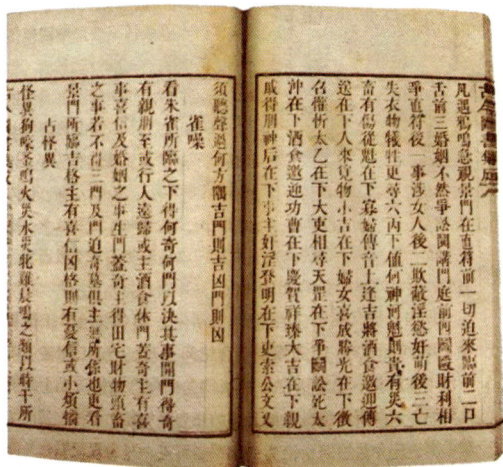

九

众人的呵护：
如何让一本书"活"得更久？

1. 一本书如何才能穿越千年？

自从图书在中国出现之后，历朝历代都有大量图书被创作、抄写、印刷和传播。但这其中，只有极少数图书流传至今，它们被称为古籍。这些古籍穿越千年，来到今天的读者手中，不仅向我们讲述了祖先们的故事，也让我们了解到中华民族灿烂的历史与文化。

小贴士

什么是古籍？

古籍，是中国古代书籍的简称。一般而言，我们把 1912 年辛亥革命之前出版的、具有线装等中国古典装帧形式的图书称为古籍。其中，制作精良，具有较高文物性、学术性和艺术性的古籍，又被称为善本或珍本。

各种自然灾害和人为灾害，是中国古代图书能否穿越千年，流传至今的最大敌人。前面我们讲过伏生保护《尚书》的故事，在纸张没

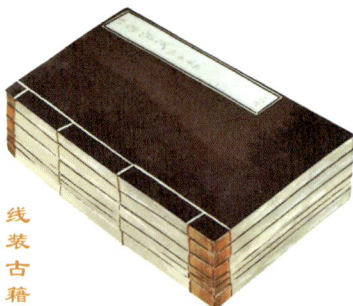

线装古籍

有被发明的年代，竹简上抄写的《尚书》，想要保存下来非常困难。在纸张和印刷术发明之后，图书虽然更便于制作了，却仍然非常脆弱。战乱、火灾、洪水、地震等各种灾害，让绝大多数图书无法穿越千年，流传至今。

即便侥幸躲过了各种灾害，一本写在纸上的图书也很难被永远保存。和人一样，图书也会"变老"，也会最终"死去"。其中纸张老化，是图书"变老"的主要原因。

小贴士

什么是纸张老化？

纸张的主要成分是纤维素。纤维素是化学性质非常稳定的高分子化合物，保证了在一般情况下，纸本图书可以长期保存。不过，纸张在与氧气以及一些酸性物质接触时，会发生缓慢的化学反应，称为氧化和酸化。这些都是不可逆的化学反应，是引起纸张老化的主要原因。

如果一本书上出现了黄色斑点，就代表了这本书的纸张已经开始老化了。如果不及时采取相应的措施，黄斑会在几十年内逐渐扩大，连接成片，图书也就进入了"老年期"。

2. 图书有哪些潜在的敌人？

一本书静静地躺在书架上，看似很安全，却存在着许多潜在的敌人。总的来说，图书的敌人分为两种：内部敌人和外部敌人。

先说说图书的内部敌人。

前面我们讲到，酸性物质是引起纸张老化的主要原因。纸张在接触到酸性物质时，其中的纤维素会逐渐断裂、分解，从而变得脆弱，甚至碎成粉末。一本书就会很快"死掉"了。

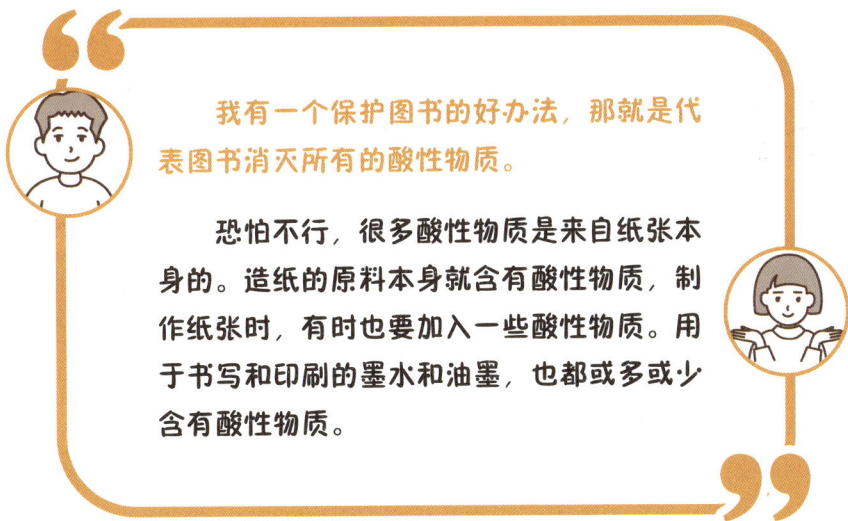

> 我有一个保护图书的好办法，那就是代表图书消灭所有的酸性物质。
>
> 恐怕不行，很多酸性物质是来自纸张本身的。造纸的原料本身就含有酸性物质，制作纸张时，有时也要加入一些酸性物质。用于书写和印刷的墨水和油墨，也都或多或少含有酸性物质。

图书的外部敌人就更多了，比如说，不适宜的温度和湿度。

对于图书而言，超过了燃点，纸张就会着火并化为灰烬。即便没有着火，高温也是有害图书健康的。一页健康的书页，就像一片健康的树叶那样，是含有一定水分的。如果温度过高，就会使书页脱水，变得像干枯的树叶那样脆弱，极易碎裂。

脱水有害图书健康，但过于潮湿对图书的危害也很大。把图书放在过于潮湿的环境中，整本书就会膨胀变形，发霉生虫。书上的字迹也怕潮，在潮湿的环境中，字会褪色甚至消失，变成无字书。

图书也非常害怕温度和湿度的剧烈变化。人在剧烈变化的环境中容易感冒，而图书如果存放在温度、湿度剧烈变化的环境中，会造成纸张等材料反复热胀冷缩，吸水脱水，从而容易破裂和解体。

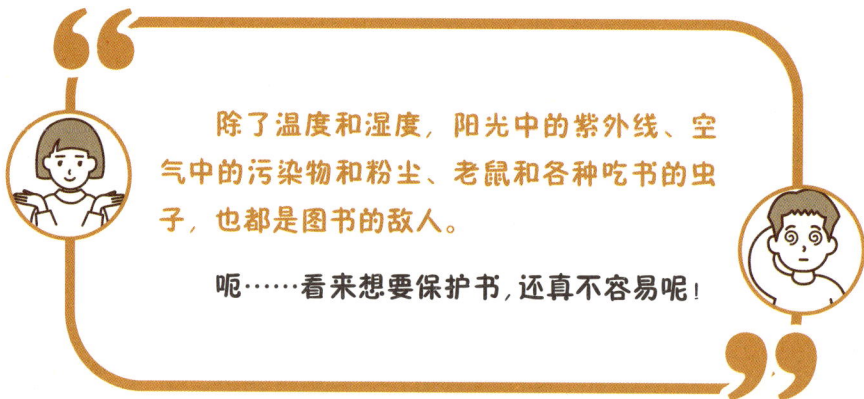

> 除了温度和湿度，阳光中的紫外线、空气中的污染物和粉尘、老鼠和各种吃书的虫子，也都是图书的敌人。
>
> 呃……看来想要保护书，还真不容易呢！

3. 古代有哪些保护图书的好方法？

为了让一本书保存得更久，聪明的中国古人想了很多办法。他们在制作纸张时，就已经考虑到了图书的保存、保护问题。

比如，为了防虫，汉代人用黄檗（bò）树的汁液来浸泡纸张，生产出的纸张呈现黄色，称为"潢纸"或"黄纸"。黄檗树是芸香科植物，它能散发出令昆虫讨厌的气味，可以用来帮助图书避免虫害。潢纸的制作工艺在魏晋南北朝时期已经非常成熟了，唐代时被大量推广使用。

到了宋代，人们又发明了"椒纸"。花椒树也属于芸香科植物，把纸浸泡在花椒的汁液里，制成的图书同样可以起到防虫的效果。

小贴士

芸香科植物还有哪些？

除了黄檗和花椒外，最重要的护书植物要数芸香科的命名植物——芸香了。芸香又称芸香草，是一种能开出小黄花、散发出强烈气味的草本植物。中国人很早就发现，把芸香夹在书中，或放在书箱中能防虫，于是便大量使用。把芸香夹在书中，清香之气日久不散，打开书后香气袭人，中国人所说的"书香"，最早指的就是芸香的气味。

芸香科植物在我们的生活中无处不在，人们常吃的柑橘、柚子和柠檬，也属于芸香科植物。

为了长期保存图书，中国古人在图书的存放地点上也下了一番功夫。在周代，为了藏存国家的重要图书和档案，就有了"金匮石室"制度。金匮，又称为金柜，就是金属包裹的木头柜子。把重要的图书、档案放在"金匮"里，再把这些柜子存于"石室"当中，便是"金匮石室"制度。

芸香

"金匮石室"制度一直沿用至明清时期。位于北京南池子大街的皇史宬（chéng）是"金匮石室"的典范，它修建于明朝嘉靖年间，是明清两代的皇家档案库，其中收藏了大量档案和图书。

皇史宬

小贴士

皇史宬为什么能长期保存档案和图书？

为了长期保存档案和图书，皇史宬的设计者花了大量的心思。皇史宬周围不栽种树木，大量使用石头作为建筑材料，避免使用木质材料，这样可以有效防止火灾的发生。建筑的墙壁采用特殊的厚度，南北墙6米厚，东西墙3米厚，确保室外无论严寒还是酷暑，室温可以常年控制在15~23摄氏度。建筑的室内地面筑起了高近1.5米的石台，将存放档案和图书的金匮放在石台之上，可以有效防潮。金匮可以防光、防鼠、防盗，非常适合长期保存档案和图书。

除了皇家气派的"金匮石室"外，为了保存图书，民间的图书收藏家们还建造了大量的私人藏书楼。我国现存最早的私人藏书楼是位于浙江省宁波市的天一阁。它占地面积2.6万平方米，建筑面积8 000多平方米，最多时曾藏有7万多卷图书，是中国古代藏书楼中的典范。

天一阁

> 妈妈带我去过天一阁，它看上去和其他古建筑也没什么太大差别啊。
>
> 那可是有很大不同的。建造者范钦在天一阁藏书楼前开凿了一个水池，与宁波的月湖相通，在遇到火灾时可以随时取水灭火。天一阁藏书楼虽然在范钦家宅院内，但它是一个相对独立的建筑，不与其他建筑相连。并且，建筑的东西两面山墙都采用封火墙的形式，避免其他建筑着火时牵连到藏书楼。

4. 那些中国古代的爱书之人

中国古代的爱书之人很早就知道，定期晾晒图书可以防潮与防虫，延长图书的寿命。春秋战国时期，在古人还在使用简牍和帛书的时候，就已经有了曝书的习俗。后来，还出现了人们约定俗成的"曝书节"。曝书节一般在阳光较充足的夏日举办，比如农历的七月初七，就是许多古人喜欢的曝书日。

虽然叫曝书，却并非把书直接放在阳光下进行暴晒，而是在晴天时，把图书放在不见太阳又通风的树荫下晾晒。曝书在潮湿的中国南方地区尤为重要，可以大大延长图书的寿命。在南宋时期，一到农历七月初七，各地的读书人都会把自己家中的图书拿出来晾晒，可谓盛况空前。

小贴士

郝隆晒书

"郝隆晒书"是一个成语。郝隆是西晋时期大司马桓温手下的参军，由于长期得不到重用而回乡隐居。农历七月初七这天中午，郝隆跑到太阳底下，解开衣服扣子露出肚皮躺着。人家问他在干什么，他回答说："我在晒书。"后来郝隆晒书这一典故用来比喻人腹中装书，富有学问。

郝隆晒书

中国古人在使用图书的过程中，对书也是非常爱护的。在中国古代，读书人出门远行，经常随身携带图书来阅读。但如果一本书没有复本，他们便不会随便带出家门，以免在外丢失或损坏。

我们前面提到的北宋著名的政治家、文学家司马光就是个非常爱书之人，他良好的护书习惯也被后人所称道。司马光小时候为了救掉进水缸里的小朋友，果断举起了石头，砸破了水缸，但他在阅读图书时，却非常温柔，生怕对图书造成一点伤害。

司马光在去书房看书之前，会先把手洗干净，还会检查放书的桌子是否干净，在桌面上铺好特制的垫子后，再开始看书。他在旅行途中看书时，会用随身携带的方形木板来托着书，避免用手直接拿书造成污损。每看完一页书，司马光都会小心地用手指夹起书页来翻页，避免捻搓揉皱书页。很多读书人都赞叹司马光的护书习惯，南宋著名的读书人费衮曾经这么写道：那些司马光每天早晚都要读的书，看了数十年之后还和崭新的一样。

5.如何做一名合格的"小小护书人"？

现代图书馆在建立后，代替了古代的金匮石室和私人藏书楼，成为我们现在保存、保护图书最重要的场所。在图书的新家——现代图书馆里，不仅有图书馆管理员对图书的悉心呵护，还有最先进的图书保护方法和技术，它们都可以让图书得到更好的保存与保护。

不过，图书馆不仅是收藏图书的场所，也是所有读者阅读图书来获取知识的地方。为了图书的安全，也为了每位读者都能读到想阅读的图书，我们在使用图书馆时，应该像司马光一样，爱惜每一本图书。

图书馆里的书，有图书馆里的工作人员们照看，我们家中的书，需要我们自己好好管理。我们每个人都可以成为"小小护书人"。

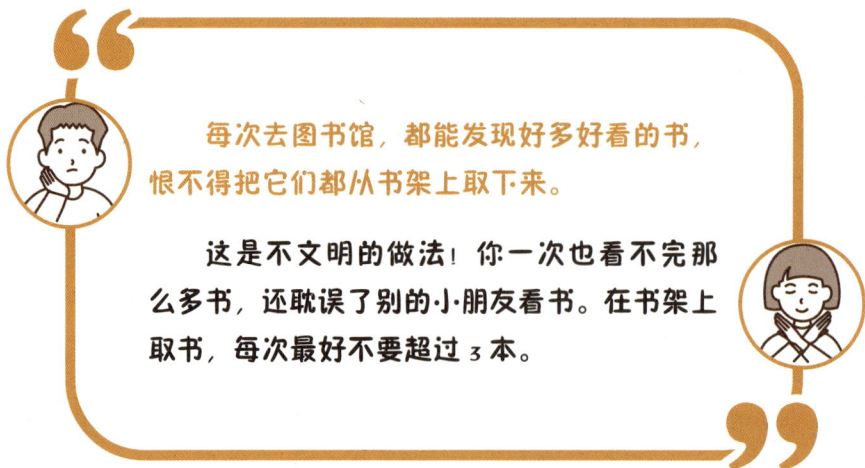

每次去图书馆，都能发现好多好看的书，恨不得把它们都从书架上取下来。

这是不文明的做法！你一次也看不完那么多书，还耽误了别的小朋友看书。在书架上取书，每次最好不要超过 3 本。

　　书架上的图书，不要摆放得过松或者过紧。如果过松，图书无法站立在书架上就会出现倒伏，长时间倒伏之后，我们心爱的书就可能出现变形或者损坏。而我们如果把书架上的图书放得过紧，在抽取图书时会比较困难，抽取图书的力量过大时，可能会将相邻图书扯出，损坏它们的封面或封底。

　　检查一下你的书架，是不是在房间的窗户附近，经常受到阳光的直射。如果你的书架经常受到阳光照射，也不必着急给它换位置，可以自己动手给书架做一个遮光帘，这样就能防止阳光里的紫外线损伤图书了。

　　如果你生活在潮湿的中国南方地区，家中的物品经常发霉，就得重点关注一下书架上图书的健康了。图书在潮湿的环境中是很容易发霉的，你可以放一些干燥剂包用来除湿。当然，你也可以学习聪明的中国古人所用的方法，在天气晴好的日子，把书拿到通风的地方进行晾晒。

我的小小书架

＋

医救万卷书：
如何让一本书"起死回生"？

1. 古人是如何进行图书修复的呢？

不管如何爱护图书，它们都有衰老的那一天。如何延长书的寿命，是中国的古人早就开始思考的问题，由此也诞生了一个职业——修书匠。修书匠就像是给书看病的医生一样，他们会给图书诊断"变老""生病"的原因，在诊断"病"因的基础上，确定给书治"病"的具体方案。最后，他们还会给书做"手术"，让一本书获得新生。

在南北朝时期，那时中国的纸本图书刚出现后不久，著名的农学家贾思勰就在他的《齐民要术》一书中写到了图书修补问题。

贾思勰是这么写的：如果一本书的纸张出现了裂口，不能简单地剪一块普通的纸把它粘起来就行了。这样做的话，新的纸加上糨糊，和原有的纸叠加，就会出现又厚又硬的瘢疮，也就是伤疤，我们的书也会变得不平整了。

贾思勰

93

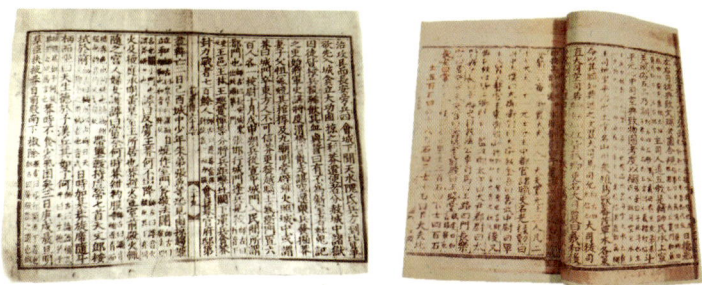

《汉书》中的"一叶"与装订成册的《汉书》

　　贾思勰认为，这样的补丁对书来说是有害的。那么，应该怎么做呢？贾思勰进一步讲道：应该用非常薄的、近似透明的纸来补书，修补书的纸只是微微搭着破口的边缘就行了。这时，除非你拿起修补后的书叶对着阳光看，否则根本看不出这本书是修补过的。

　　果果，上面这段文字中的"书叶"是不是写错了，应该是"书页"才对吧？

　　这当然不会是错别字！它是中国古籍特有的称呼。在古代制作一本线装书时，一般会用单面印刷，一张纸印上文字后沿着版心位置对折，空白的一面朝里，印有文字的一面在外，就叫"一叶"。很多"书叶"叠起来装订，就成了一本书。

　　贾思勰不仅提出了修补图书的用纸要求，也提出了重要的图书修复原则："整旧如旧"原则和"最少干预"原则。这两条修复图书的原则，如今仍然被广泛使用。

小贴士

古籍修复的基本原则

我们所说的图书修复，主要指的是古籍修复。古籍修复有一些需要遵循的基本原则，除了上面提到的"整旧如旧"原则和"最少干预"原则，还有"可逆性"原则和"抢救为主，治病为辅"原则等。

整旧如旧原则，就是在修复古籍的时候，尽量要保持古籍的原貌。古籍本来就是旧书的面貌，一定不要把它变成一本新书的样子。

最少干预原则，是对整旧如旧原则的补充，在对古籍进行修复的过程中，不要画蛇添足，进行过度的修复，应当让古籍尽量保持原有的面貌。

可逆性原则，就是在修补古籍时，尽量让修复过程是可逆的。如果将来有了更好的修复技术，就可以清除现在的修复痕迹，重新进行修复。

抢救为主，治病为辅原则，指的是如果有大量古籍需要修复时，要对待修复的古籍进行排序，突出重点，先抢救那些刻不容缓的。

如果我们的衣服被弄脏了，可以放在洗衣机里进行洗涤。如果书被墨水、油脂或其他东西弄脏，在修复时也需要去污。我们的古人会进行"洗书"，洗书有很多方法，比如他们会用铁盆、铁锅等盛水，在水中加碱再煮沸，把一本书的书叶依次放在水中进行漂洗。他们也会用毛笔蘸取碱溶液，对书的局部污渍进行清除。

2. 需要耐得住寂寞的现代修书匠

修书和现代许多行业一样，是从古代继承、发展而来的。因此，修书匠也是一个穿越古今的职业。不断提高速度和效率，是许多行业发展的目标，比如交通运输业。在公元16世纪，麦哲伦的船队第一次完成环球航行，历时三年，如今我们乘坐飞机环球一周只需要几十个小时。

但修书从来都不是一个用速度和效率衡量的行业，它是一项需要足够细心与耐心的技艺。一本穿越千年，历经风霜洗礼的图书，可能会患有不同的疑难杂症。它们有的被虫子或老鼠咬过；有的被水泡过，被火烧过；有的书纸张发生了絮化，一打开就会往外飞"毛毛"；有的书叶粘连在一起，难以分开；有的像一个酥皮烧饼一样，一碰就掉渣。

古籍的每一种疑难杂症都不好对付，修复一叶古籍通常需要一两天，也就是说，你坐飞机绕着地球转了一圈，修书匠们才刚刚完成一叶古籍的修复。当遇到疑难杂症多的书叶时，一叶古籍的修复时间则更长，甚至需要十天半个月之久。

现代修书匠又有一个专业的名字叫"古籍修复师"。一名古籍修复师，必须能耐得住寂寞，需要足够的耐心和细致，按照规范步骤一步步进行操作。一名新手古籍修复师，往往需要日复一日，在图书馆里进行数年甚至数十年的修复工作，才能逐渐成长为一名技艺高超的古籍修复师。

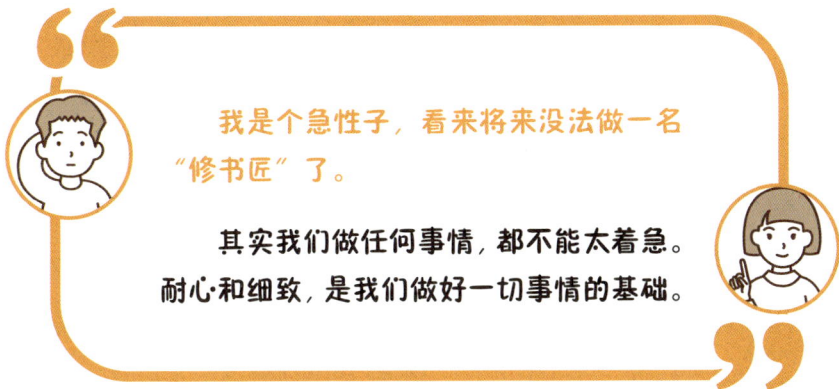

> 我是个急性子，看来将来没法做一名"修书匠"了。
>
> 其实我们做任何事情，都不能太着急。耐心和细致，是我们做好一切事情的基础。

3. 古籍修复，神秘又不神秘

古籍是文字的载体，承载了古人所书写的文字和故事，可供人阅读；但它们又是文物，常被收藏在图书馆或博物馆里，我们平常很少能直接翻看原版古籍，而古籍修复我们就更难直接接触到了，所以这项工作显得很神秘。

但其实，神秘的古籍修复工作也并不神秘。古籍修复师们有着高超的技艺，可以让古籍"起死回生"，但他们的工作又是非常接地气的，尤其是他们使用的修复工具和修复材料，我们在平常的生活中可能都见过，下面就一起来认识其中的一些修复材料和工具。

（1）毛笔、排笔与板刷。

毛笔作为"文房四宝"之一，也是古籍修复中必不可少的工具。在古籍修复中，毛笔有很多用处。比如，干燥、柔软的毛笔，可以用来对古籍的书叶进行局部除尘。湿润的毛笔可以对古籍较小的破口进行整理，然后再在破口处涂抹少量的糨糊（也称为"浆糊"），并选择需要修复的纸张（也称为"补纸"）进行修补。

毛笔与古籍修复

把毛笔排成一排来使用，就成了排笔。在对一些古籍进行装裱的时候，需要大量涂抹糨糊，过程中就可能会用到排笔。

用于古籍修复的糨糊有稀有稠，在刷比较黏稠的糨糊时，比较柔软的毛笔和排笔就不太好用了，这时就会用到板刷。板刷还有一个人们很熟悉的名字，叫油漆刷。

（2）糨糊盆与糨糊碗。

我们从商店里买来的胶水或者糨糊是不能用来修复古籍的，因为它们中可能含有一些化学成分，会伤害到原本就脆弱的古籍。古籍修复师们会自己调制糨糊，这时就会用到糨糊盆与糨糊碗。

糨糊碗与糨糊盆

糨糊盆和糨糊碗有点像我们吃饭时盛米粥或面汤用的盆和碗，其实糨糊的成分，也和米粥和面汤有点像，主要是淀粉。古籍修复师们一般会在糨糊盆里调制糨糊。调制糨糊的基本步骤是：将去了筋的小麦粉放入糨糊盆中，加入冷水，用木棒反复搅拌成糊状，再用沸水冲淋后自然冷却，便可以配制出最基本的糨糊。将糨糊分装在糨糊碗中，便可以用来修补古籍了。

糨糊中水和小麦粉的比例对于古籍修复效果来说是非常重要的。经验丰富的修复师们会根据需要修复古籍的纸张情况，配制浓度不同的糨糊。

（3）镊子、锥子、剪刀、锤子……

这些我们在家中就能看到的金属工具，也都是古籍修复师们的好帮手。

在揭开粘连的书叶、拼接书叶、夹取纸张残片时，会用到镊子，古籍修复师使用的镊子，一般都是平头的，这样可以避免伤害纸张。

锥子可以用于古籍打眼，古籍一般采用线装，为了方便穿线，就必须用大号的穿线针，也就是锥子先给需要穿线的位置打眼。

在对古籍的书叶进行修补后，长出原有书叶的部分需要裁剪整齐，这时就需要用到剪刀了。

古籍修复师用的锤子是平口铁锤，被裁剪整齐的书叶还需要进行锤平处理。书

锤子与锤书板

叶中有补纸的部分可能会凸起，这时就需要用平口铁锤把它锤平。

（4）茶叶、橡碗子、板栗壳……

由于古籍年代久远，纸张已经不那么洁白了，会发黄并变得暗淡，所以对它们进行修补时，使用的补纸就不能是白色的了。为了让补纸和需要修补的古籍纸张颜色更接近，古籍修复师们也是想尽了办法进行调色。为了避免化学染色药剂对古籍造成损伤，他们不断发掘天然

的染色材料。

比如，他们使用茶叶来给补纸进行染色，用发酵的红茶和普洱茶可以染出褐色来。橡碗子是橡树果实外面的壳，以橡碗子为主要配料，可以染出米黄、土黄等颜色来。板栗壳汁水也可以用来给补纸染色，用不锈钢锅煮出的板栗壳可以染出黄棕色。

4. 保护与修复国宝《赵城金藏》

1949 年中华人民共和国成立前夕，百废待兴。当时的国立北平图书馆更名为北京图书馆，也就是中国国家图书馆的前身。这一年，有一批非常珍贵的古籍文物通过调拨进入了北京图书馆，它就是《赵城金藏》。

《赵城金藏》是一部刻于金朝的佛教巨著，因发现于山西省赵城县（今已并入山西省洪洞县）而得名。在抗日战争期间，《赵城金藏》险些被日本侵略者掠走。还好八路军在当地爱国僧侣与民众的帮助下，将其转移，才避免了《赵城金藏》被抢夺的灾祸。但由于当时保存条件不佳，一度还被藏在一座废弃的煤矿中，许多经卷受潮、发霉，无法打开，还有一些经卷被煤矿的粉尘染成了黑色，急需修复。

图书馆学家赵万里

1950 年，在时任北京图书馆善本部主任、著名的图书馆学家赵

万里的主持下，《赵城金藏》的修复工作正式开始。当时，国家在财政非常困难的情况下拨出了修复专款，加上佛教界人士进行的募捐，购得了修复所用的纸张，从而解决了修复资金的问题。北京图书馆的修复师们经过了 16 年的努力，终于在 1965 年完成了全部《赵城金藏》的修复工作。

小贴士

中国国家图书馆
四大"镇馆之宝"之《赵城金藏》

《赵城金藏》，又称为《赵城藏》，是我国宋代第一部木刻板大藏经—《开宝藏》的覆刻本。大藏经指的是唐代三藏大法师玄奘从天竺取回的梵文经书的中译本。相传在金朝，有一位名叫崔法珍的女雕刻家，为了刻印这套经书，断臂募捐，经过大约 30 年的时间，才完成了这套经书的刻印工作。

《赵城金藏》原书共 6 980 卷，共计 6 000 余万字，现存 4 813 卷。由于大藏经的其他版本几乎都已失传，所以《赵城金藏》才显得尤为珍贵。《赵城金藏》字体刚劲，雕刻工整，印刷清晰，是制作精良的雕版印刷品。这不仅仅是一部佛教经书，还具有极高的历史、文化研究价值，是全人类的瑰宝。

跟着书本去旅行
《穿越千年的中国图书》创作后记

作为一个喜欢阅读的人，在生活中我不断寻找好书；作为一名图书馆员，在工作中我不停地给读者推荐好书。可以说，书是我生活中最为重要的部分之一。在刚刚成为一名图书馆员时，面对图书馆里数以万计的书，我仿佛掉入了书的汪洋大海。也正是从那个时候起，我脑子里就开始隐约浮现出一个问题：这么多书都是从哪里来的？古代的图书是怎么流传到今天？又是怎样一步步演变成我们现在所看到的图书的？

正是带着这样的问题，我开始从书中寻找答案。看到那些陈列在典籍博物馆里的珍贵古籍，了解每一本古籍背后的故事，我体会到了每一本古代图书想要穿越漫长的时间，被我们今天的人所看到，是一件多么不易的事情！有多少对书怀着执着热爱的人们，他们有的努力创作图书，有的努力编纂与刻印图书，有的努力传播与保护图书，正是他们的共同努力，才有了今天我们看到的中华浩如烟海的典籍。我想把这些故事分享给大家，特别是分享给小朋友们听。也正是在这个时候，上海交通大学出版社的左宓老师向我们抛出了橄榄枝，她策划的选题恰好与我们想写的内容相契合，便有了这本《穿越千年的中国图书》。

市面上有许多关于中国图书史的经典著作，图书馆学家刘国钧先生的《中国书史简编》、北京大学肖东发教授的《中国图书史十讲》、国家图书馆前馆长陈力先生的《中国古代图书史》等，详细地梳理了中国图书发展的古今脉络。作为一本给孩子们读的书，在《穿越千年的中国图书》中，我把那些历史中最吸引人的关于书的故事挑选了出来，与孩子们一同推开一扇兴趣之门，体会到在广阔图书海洋中遨游的乐趣。

从古至今，很多人把"读万卷书，行万里路"作为自己的座右铭。旅行让我们跨越空间的界限，让我们去到之前从未达到的地方，认识到世界的辽阔。书本同样可以带我们去旅行，它可以让我们跨越时间的界限，穿越历史，感受另一个时间里古人们的喜怒哀乐，感受他们对于书最真挚的热爱。

我特别喜欢美国女诗人狄金森的一首诗，名叫《一本书》：

没有一艘舰船，能像一本书，带我们遨游远方

没有一匹骏马，能像一页诗行，如此欢跃飞扬

即使一贫如洗，它也可以带你走上，无需路费的旅程

这辆战车朴素无华，却载着人类的灵魂

让我们一同乘上舰船，跨上骏马，开始这段穿越时空的旅程吧！

张峰

2024.12